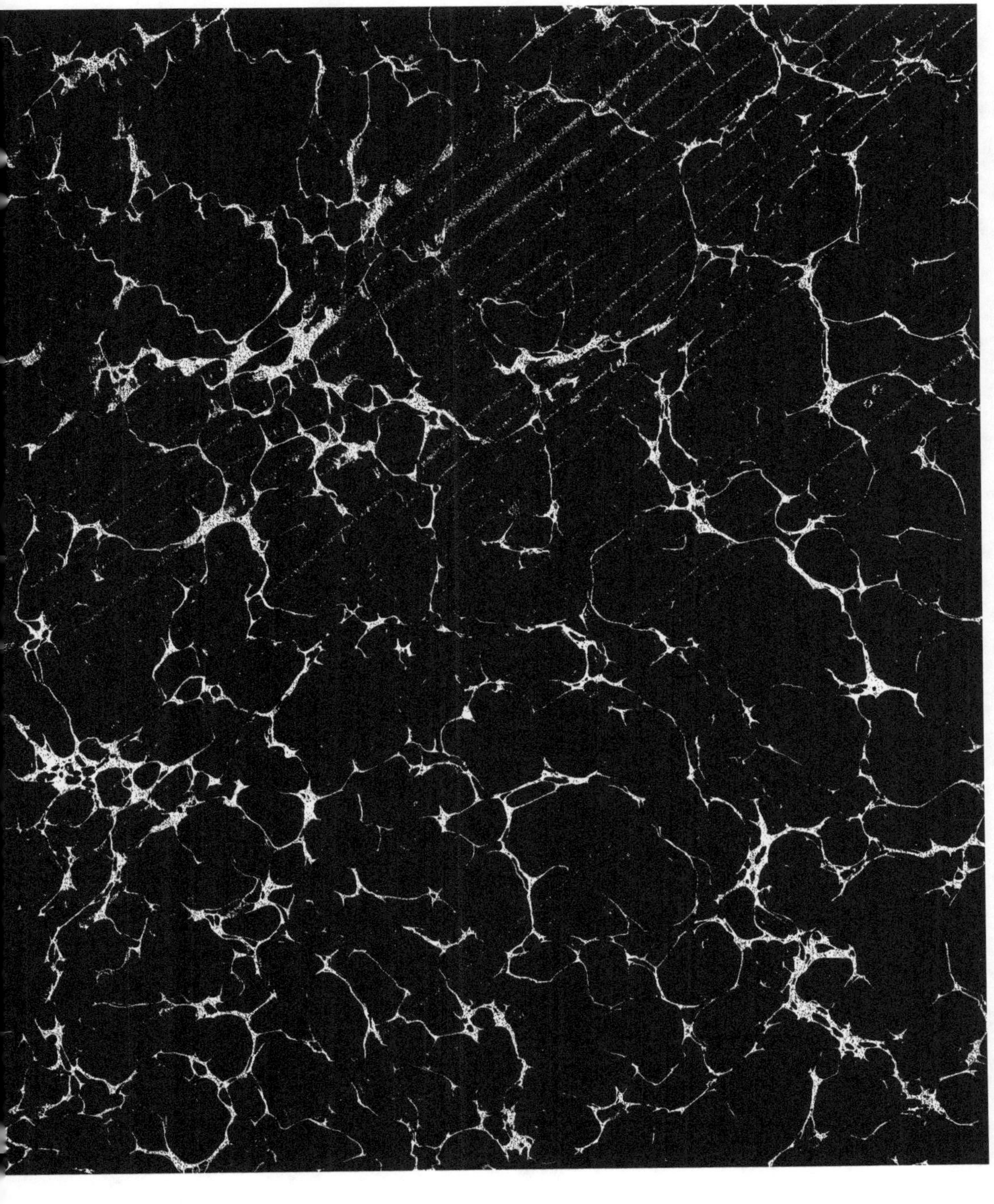

Dessins par

M. M.rs A. Fries, V. Beaucé, Jacob et Ed: May.

Texte par

L. Judicis de Mirandol.

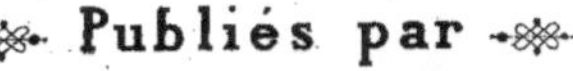

⋙ Publiés par ⋘

Paris, EDOUARD RIGO, 3, rue Chapon.   Paris, PAULIN, 33, rue de Seine.

London, Anaglyphic company, 25, Berners S.t Oxfort S.t   Paris, GOUPIL & VIBERT, 15, Boul.t Montmartre.

Lith. J. Rigo et Cie

A   A 1663

LES
DIX
Commandements
DE
FRONTISPICE
1845

COMMANDEMENTS DE DIEU.

INTRODUCTION

Depuis le jour où les familles, séparées d'abord et campées isolément sur un sol qui appartenait également à toutes, ont, pour la première fois, rapproché leurs tentes et réuni dans un espace déterminé leurs troupeaux et leurs esclaves pour former des tribus, des peuplades, puis des nations, bien des conventions ont été adoptées, bien des codes ont été promulgués, sans qu'un seul débris de ces constitutions successives, sans qu'un seul article de loi, si accepté qu'il fût, ait pu résister pendant plusieurs siècles aux révolutions sociales, ou seulement à la mobilité de l'esprit humain. Que reste-t-il aujourd'hui de la sagesse si fameuse des anciens législateurs? Que sont devenues les lois de Zoroastre, de Sésostris, de Minos, de Solon, de Lycurgue, de Pythagore, de Numa? Où sont les peuples qui obéissent encore à leurs prescriptions? Où sont les magistrats qui en conservent le dépôt? Que sont-elles enfin depuis longtemps, sinon des curiosités historiques, bonnes tout au plus à nous retracer l'image de mœurs oubliées et de civilisations qui ne sont plus?

C'est que toutes les institutions humaines sont périssables comme leurs fondateurs. L'homme, qui, selon la belle expression de la Bible, ne fait que traverser la vie comme un voyageur, ne peut donner aux monuments de son génie ou de son orgueil la durée qui lui a été refusée à lui-même, la durée qui n'appartient qu'à Dieu. En vain, dans sa folle présomption, il prétend édifier pour les générations futures; en vain il consigne dans des livres élaborés à grand'peine les opinions, les sciences, les théories de son temps; en vain il élève des monuments gigantesques, des cités merveilleuses dont l'aspect doit étonner la postérité la plus reculée : un beau jour quelque catastrophe imprévue vient déjouer tous ses calculs, une invasion de Barbares fait disparaître des peuples innombrables, et avec eux, leurs langues, leurs arts, leurs sciences; un tremblement de terre, un volcan, renverse ou comble des villes entières. Les philosophes, les savants, les poëtes de l'antiquité prévoyaient-ils que leurs livres chaufferaient les bains du calife Omar, et que l'Arabe dresserait sa tente sur l'emplacement désert de Memphis et de Palmyre? Chaque siècle nouveau détruit l'ouvrage du siècle qui l'a précédé, sous le souffle brûlant du temps, les hommes se changent bientôt en poussière, les lois en vaines formules, les cités en ruines.

Mais si, au milieu de cet écroulement sans fin de toutes les œuvres humaines, il se rencontre un monument qui soit resté debout et inaltéré, un livre, un code dont les dispositions soient applicables aussi bien aujourd'hui qu'il y a quatre mille ans; si à travers les révolutions de toute espèce qui, d'âge en âge, ont bouleversé les empires, les lois formulées dans ce code n'ont jamais cessé d'être en vigueur; si aujourd'hui même, aujourd'hui que tous les principes de politique, de religion et de morale sur lesquels repose la société sont discutés et remis en question, si, disons-nous, ces lois n'ont rien perdu de leur à-propos ni de leur autorité, si elles sont observées avec le même respect sous tous les cieux, dans tous les climats, par les peuples les plus divers; s'il faut reconnaître que, contrairement à tous les établissements humains, elles sont de tous les temps et de tous les lieux, ne doit-on pas conclure qu'elles ne tirent pas leur origine de l'homme, et que, pour trouver leur auteur, il faut remonter jusqu'à Dieu?

Or, ce monument dont nous parlons, ce livre, ce code existe, nous l'avons tous entre les mains, tous nous l'avons appris dans notre enfance, tous nous le ferons apprendre à nos enfants. La loi de Moïse, le Décalogue, voilà la religion de tous les temps, la raison universelle, le pivot de la société humaine. Simple et majestueuse parole que d'écho en écho les siècles ont renvoyée sans altération jusqu'à nous, qui a retenti avec la même puissance sur les sommets enflammés du Sinaï, sur les rives inhospitalières des fleuves de Babylone, et sous les voûtes ténébreuses des catacombes de Rome. Enseignement grave et sublime qui commande aux hommes la même vénération dans les nefs immenses des antiques cathédrales comme dans les plaines enchantées de l'Inde, dans les humbles églises de nos villages comme dans les forêts vierges du Nouveau-Monde! A défaut d'autre démonstration, ce caractère de durée et d'universalité, unique au monde, ne suffirait-il pas seul à prouver que le Décalogue est d'origine divine, et qu'on doit s'y soumettre comme à la parole même de Dieu?

Cette parole éternelle, cette loi fondamentale, bien qu'elle soit l'expression manifeste de la volonté de Dieu, n'a pas été écrite dès l'origine des temps. Le dépôt sacré en fut longtemps confié au cœur des hommes avant qu'elle eût été gravée sur des tables de pierre; et si Dieu a jugé cette dernière précaution nécessaire, c'est que les hommes, cédant de plus en plus aux suggestions de leurs mauvais instincts, avaient oublié avec les bienfaits de leur Créateur la tradition de leurs pères, la doctrine des premiers âges.

Cette doctrine, à tout prendre, n'était autre chose que la loi naturelle; et le premier homme, qui avait été témoin des merveilles de la création, en avait reçu la révélation en même temps que la connaissance du monde sensible et le sentiment de son existence. Adam naquit dans toute la force de la virilité: homme par le corps, il ne pouvait être enfant par l'intelligence; dès que ses yeux s'ouvrirent à la lumière du jour, il trouva naturellement un langage pour nommer tous les objets qui frappaient ses regards; il vit Dieu et nomma Dieu. Dieu lui dit: « Je suis ton Créateur,» et Adam l'adora. Cette magnificence d'idée, cette puissance d'intuition qui ne pouvait appartenir qu'à l'homme exempt encore de toute souillure, implique rigoureusement la connaissance de tous les devoirs moraux et la volonté de s'y conformer.

Mais la volonté est chancelante et mobile; bientôt Adam expia cruellement une première infraction aux ordres de son Créateur. Misérable sur cette terre qui avait été faite pour lui, épouvanté encore des accents formidables de la voix de Dieu, il dut enseigner à ses enfants les préceptes dont il avait conservé le souvenir et leur en recommander l'observation. Toutefois, l'exemple de son châtiment fut perdu pour le plus grand nombre de ses descendants. Caïn, le premier meurtrier, fut le père d'une race qui effraya la terre par ses crimes; et bientôt la postérité même d'Abel, atteinte par la contagion du mal, sembla prendre à tâche d'effacer par ses forfaits les forfaits de la race maudite. C'est alors que Dieu se repentit d'avoir fait l'homme et qu'il résolut d'anéantir en une seule fois son ouvrage. Une famille pourtant trouva grâce devant ses yeux. Miraculeusement sauvés des eaux, Noé et ses enfants reçurent directement, comme le premier homme, les communications de Dieu; sous peine d'un châtiment terrible, il leur fut défendu de répandre le sang. Vaine menace dont le mépris devait encore une fois livrer le monde en proie à tous les fléaux de la colère divine. Bientôt, en effet, les contrées se partagent, des villes se fondent, des empires s'établissent, des conquérants ravagent la terre, le sens des anciennes traditions s'altère, l'image de Dieu s'obscurcit dans les âmes, et l'homme, dont l'intelligence pervertie ne peut plus s'élever à la conception d'un Dieu unique et immatériel, se prend à diviniser tous les objets de la nature qui l'attirent ou l'effraient: le soleil, les astres, les animaux, deviennent des dieux qu'on adore; enfin, comme dit Bossuet: « Tout était Dieu excepté Dieu même, et le monde que Dieu avait fait pour manifester sa puissance était devenu un temple d'idoles. »

Une semblable corruption appelait un châtiment terrible; la ruine de toutes les idées morales et religieuses appelait la ruine de la société humaine; Dieu cependant l'épargna: il se souvint de la promesse qu'il avait faite à Noé, et il se contenta d'abandonner les hommes à toutes les calamités qui naissaient de leurs crimes. Pourtant, au milieu de cette race coupable, il voulut se choisir un peuple qui devînt comme le dépositaire de ses lois immuables et qui dût servir un jour à la régénération du monde. Un homme juste vivait alors dans le pays de Chaldée; Abraham était son nom. L'Éternel abaissa ses regards sur lui comme il les avait abaissés sur Noé; il le fit venir dans le pays de Chanaan, lui promit de le bénir s'il gardait ses commandements, et de lui donner une postérité aussi nombreuse que les étoiles du ciel et que les grains de sable de la mer. Dieu annonça encore à Abraham que ses enfants deviendraient possesseurs de tout le pays où il l'avait appelé, lorsque l'iniquité des Amorrhéens serait parvenue à son comble. Là apparaît le dessein de Dieu de faire du peuple qu'il avait élu l'instrument de sa justice, en même temps qu'il le présenterait aux nations comme un exemple de sa miséricorde pour ceux qui auraient gardé dans leur cœur le respect de ses volontés et la soumission à sa loi.

Abraham s'établit donc dans le pays de Chanaan avec sa famille, ses troupeaux et ses esclaves. Il conserva les mœurs antiques, campant dans sa tente, errant dans le pays; et bien qu'il *n'y possédât pas un pied de terre*, Dieu l'avait tellement comblé de ses dons, que la magnificence de son hospitalité et les victoires qu'il remportait sur des princes puissants avaient répandu son nom dans les contrées les plus reculées. Isaac, son fils, et Jacob, son petit-fils, vécurent comme lui à la manière des anciens patriarches ; mais au bout de longues années, Jacob, appelé en Égypte par son fils Joseph, vint se fixer avec toute sa famille dans l'antique pays des Pharaons.

Tant que vécut Joseph, les enfants de Jacob se virent comblés de richesses et d'honneurs au milieu de ce peuple étranger ; mais ils n'eurent pas plutôt perdu leur protecteur, que leur condition devint aussi misérable qu'elle avait été heureuse. Réduits en esclavage, les Hébreux furent employés par le nouveau Pharaon aux travaux les plus pénibles. Ces immenses cités qui remplissent des provinces entières de leurs ruines, ces pyramides, ces obélisques géants, ces digues, ces lacs, ces canaux, tous ces ouvrages fameux qui font encore aujourd'hui la gloire de la vieille Égypte, ont été construits ou creusés par les mains des fils de Jacob. La sueur de leurs membres ne suffit pas à leurs tyrans. Effrayé de la rapide multiplication de cette famille, le Pharaon résolut de la détruire dans sa source en faisant mettre à mort tous ses premiers-nés.

Mais Dieu veillait sur son peuple : un de ces pauvres enfants condamnés à mourir avait été retiré du Nil, où sa mère l'avait exposé, par la fille du Pharaon. Élevé dans le palais des rois, il n'en avait pas moins voué à ses frères un amour sans bornes, un dévouement absolu ; ce dévouement même causa sa ruine. Un jour qu'il vit un Égyptien battre un Hébreu, il tua l'Égyptien, et fut forcé de fuir du royaume. Il s'était retiré dans le pays de Madian, et là, depuis quarante ans, il vivait ignoré chez le sacrificateur Jéthro, dont il avait épousé la fille, lorsque Dieu lui apparut dans le désert, au milieu d'un buisson ardent, et lui ordonna de retourner en Égypte pour tirer d'esclavage la nation d'Israël. Moïse, instruit par le Seigneur de ce qu'il avait à faire, prit son bâton de voyage, mit sa femme et ses enfants sur un âne, et ce fut dans cet humble équipage que revint dans la terre de Mitzraïm le futur libérateur de tout un peuple.

Arrivé en Égypte, Moïse, au nom du Dieu vivant, somme le Pharaon d'affranchir les enfants de Jacob et de leur permettre de sortir du pays. Le travail des Hébreux était trop précieux pour que leurs tyrans consentissent facilement à se défaire d'ouvriers aussi nombreux, aussi résignés ; c'est pourquoi, pour porter l'épouvante dans leur cœur, Dieu arma Moïse de toute sa puissance. A la voix du libérateur, les prodiges les plus extraordinaires s'accomplirent, les fléaux les plus effroyables fondirent sur l'Égypte, et bientôt le roi, frappé de terreur, supplia lui-même l'envoyé de Dieu d'emmener en toute hâte cette nation, à laquelle il attribuait les plaies de son royaume.

Moïse sortit donc d'Égypte suivi de toute la nation d'Israël ; par un nouveau miracle, il traversa à pieds secs la mer Rouge, dont les flots engloutirent derrière lui toute l'armée du Pharaon, et parvint enfin dans ce désert où les Hébreux devaient errer quarante ans.

Pendant leur séjour en Égypte, une partie des Hébreux, séduits par les pompeuses superstitions de leurs oppresseurs, avaient à peu près oublié le Dieu de leurs pères, et il était à craindre que l'ignorance ou les mauvais penchants qu'enfante la servitude ne finissent par les entraîner dans l'idolâtrie. Dieu voulut prévenir une chute si criminelle, et il résolut d'écrire sur une matière impérissable les lois que la mémoire des hommes avait tant de peine à retenir. Moïse donc, par son ordre, assemble toute la nation au pied du mont Sinaï, et lui apprend que dans trois jours elle sera visitée par l'Éternel. Au jour dit, un bruit éclatant fait retentir les airs, la montagne se couvre de fumée et se couronne de flammes ; l'éclair brille, le tonnerre gronde, et une voix formidable fait tomber sur le peuple effrayé ces paroles solennelles :

« Écoute, ô toi Israël, moi Jéhovah, ton Dieu, qui t'ai
« tiré de la terre de Mitzraïm, de la maison de servitude :

« I. Tu n'auras point d'autres dieux devant ma face. Tu
« ne feras point d'image taillée ni aucune ressemblance
« des choses qui sont là-haut dans les cieux, ni ici-bas sur
« la terre, ni dans les eaux sous la terre ; tu ne te proster-
« neras point devant elles et tu ne les serviras point ; car
« je suis l'Éternel, ton Dieu, le Dieu fort et jaloux, qui
« punis l'iniquité des pères sur les enfants en la troisième
« et quatrième génération de ceux qui me haïssent, et qui
« fais miséricorde en mille générations à ceux qui m'ai-
« ment et qui gardent mes commandements.

« II. Tu ne prendras point le nom de l'Éternel, ton
« Dieu, en vain ; car l'Éternel ne tiendra point pour inno-
« cent celui qui aura pris son nom en vain.

« III. Souviens-toi du jour du sabbat pour le sanctifier ;
« six jours tu travailleras et tu feras ton ouvrage, mais le
« septième jour est le repos de l'Éternel, ton Dieu ; tu ne
« feras aucune œuvre en ce jour-là, ni toi, ni ton fils, ni
« ta fille, ni ton serviteur, ni ta servante, ni ton chameau,
« ni ton hôte ; car l'Éternel a fait en six jours les cieux, la
« terre, la mer, et tout ce qui est en eux, et il s'est reposé
« le septième jour ; c'est pourquoi l'Éternel a béni le jour
« du repos et l'a sanctifié.

« IV. Honore ton père et ta mère, afin que tes jours soient
« prolongés sur la terre que l'Éternel ton Dieu te donne.

« V. Tu ne tueras point.

« VI. Tu ne seras point luxurieux.

« VII. Tu ne voleras point.

« VIII. Tu ne diras point de faux témoignage contre ton
« prochain.

« IX. Tu ne convoiteras point la femme de ton pro-
« chain.

« X. Tu ne convoiteras point la maison de ton prochain,
« ni son serviteur, ni sa servante, ni son bœuf, ni son
« âne, ni aucune chose qui soit à ton prochain. »

A peine la voix divine a-t-elle cessé de se faire entendre qu'un homme paraît sur la pente embrasée de la montagne. Il marche à pas lents; son front est orné de deux rayons de feu, son visage resplendit de lumière, et ses mains tremblantes pressent contre sa poitrine une table de pierre où la loi vient d'être gravée des propres mains de Jéhovah. Le peuple a reconnu Moïse, et, pénétré encore d'une sainte terreur, il se presse en foule autour de l'interprète de Dieu et prend l'engagement solennel de toujours obéir aux commandements qu'il vient d'entendre.

Telle est cette loi écrite qui, à travers tant de siècles, nous a été transmise toujours observée et toujours intacte; c'est que toutes ses dispositions sont en harmonie avec la raison universelle, avec le sentiment religieux qui est dans le cœur de tous les hommes; c'est que Dieu ne l'a pas rendue obligatoire pour le peuple hébreu seulement, et qu'il a voulu que toutes les nations pussent l'adopter comme règle de conduite lorsque, dans sa sagesse, il jugerait le moment venu de les appeler à la connaissance de l'éternelle vérité. Par l'examen que nous ferons de chacun de ses articles, nous espérons démontrer qu'il n'est pas une seule de ses prescriptions qui ne réponde à une aspiration de notre intelligence et à un sentiment de notre cœur, et qu'elle contient en principe toutes les institutions considérées dans tous les temps et par tous les peuples comme les bases fondamentales des sociétés humaines.

A. Fries Lith.

Crimand Reformé Chapon, N° 3.

Paulin, rue de Seine, 33.

I.

TU N'ADORERAS QU'UN DIEU.

En ce temps-là, le globe terrestre, dont l'écorce accuse actuellement encore la récente origine, avait deux mille cinq cent treize ans. La croyance en un Dieu unique et tout-puissant, si fidèlement conservée parmi les premiers fils d'Adam, dans les plaines de l'Asie, sous les tentes des patriarches, à l'ombre des palmiers, sur les bords de l'Euphrate, près des puits devenus historiques comme celui de Samarie, cette croyance divine, disons-nous, tant de fois recommandée par les apparitions de Dieu lui-même, s'était insensiblement effacée dans le cœur des hommes. La postérité de Cham avait enfanté en Égypte et en Phénicie ce monstrueux polythéisme qui allait bientôt envahir la Grèce, l'Italie et les îles qui en dépendaient. La postérité de Japhet méditait, au fond des forêts de l'Occident, le culte sanglant de Teutatès et les mythologies scandinaves; la postérité de Sem elle-même, d'où sortit le peuple hébreu, n'avait pas plus précieusement gardé la connaissance du vrai Dieu et le souvenir de la création. Les traditions anciennes allaient s'obscurcissant, les fables qui se succédaient n'en étaient plus que de grossières contrefaçons, les fausses divinités se multipliaient; on adorait le soleil, la lune, les astres, les animaux, les plantes, les vices, le crime, tout, en un mot, excepté Dieu. Bel, roi de Chaldée, recevait de ses peuples les honneurs divins; Pélops portait de Phrygie dans le Péloponnèse l'histoire fabuleuse de Tantale, son père; Cécrops transplantait en Grèce les lois et les dieux de son pays; le déluge de Deucalion provoquait en Thessalie une confusion déplorable avec le déluge universel, et intervertissait l'ordre des idées reçues sur l'histoire de la grande famille humaine; Cadmus venait de la Phénicie fonder la ville de Thèbes, et traînait à sa suite toutes les superstitions de la Syrie. Les descendants de l'homme que Dieu avait choisi pour être la tige du peuple élu, les descendants d'Abraham eux-mêmes, trop souvent oublieux des promesses faites à leur père, et d'ailleurs tristement modifiés par l'esclavage qu'ils avaient subi pendant trois siècles environ dans le royaume de Tanis, avaient eu sous les yeux des exemples d'idolâtrie si multipliés, que, malgré l'intensité de leur haine pour les Égyptiens, ils ne s'étaient qu'imparfaitement préservés de la contagion. A ce peuple jugé digne de la prédilection de l'Éternel il fallait une nouvelle révélation; une nouvelle loi était devenue nécessaire, et cette loi devait être écrite par un homme comme Moïse, sous la dictée de Dieu lui-même, et au mi-

lieu d'un appareil qui ne permît pas d'en révoquer en doute la source céleste. L'Éternel dit donc à Moïse : « Je vien-
« drai sur l'aile des vents et des nuages; prépare mon peu-
« ple, sanctifie-le. » Et le troisième jour au matin, du sommet de la montagne en feu, et parlant plus haut que le tonnerre, voici venir une voix :

« Écoute, ô toi Israël, moi Jéhovah, ton Dieu, qui
« t'ai tiré de la terre de Mitzraïm, de la maison de servi-
« tude :

« Tu n'auras point d'autres dieux devant ma face;

« Tu ne feras point d'image taillée, ni aucune ressem-
« blance des choses qui sont là-haut dans les cieux, ni ici-
« bas sur la terre, ni dans les eaux sous la terre;

« Tu ne te prosterneras point devant elles, et tu ne les
« serviras point; car je suis l'Éternel, ton Dieu, le Dieu
« fort et jaloux, qui punis l'iniquité des pères sur les
« enfants en la troisième et quatrième génération de ceux
« qui me haïssent, et qui fais miséricorde en mille géné-
« rations à ceux qui m'aiment et qui gardent mes com-
« mandements. »

Voilà le précepte que l'Éternel a gravé en tête de tous les autres, non-seulement sur la pierre du Sinaï, mais encore dans le cœur de l'homme.

Nous venons de voir et de préciser les errements de l'humanité à cette époque; pour nous servir d'une magnifique image empruntée à Bossuet, elle marchait enivrée et chancelante hors des voies de Dieu; voyons maintenant le but qu'elle atteignit dans la suite, et comparons les philosophies, les religions et les législations antiques au premier article du Décalogue.

Chez les Perses, le principe de la dualité est ainsi formulé :

« Le Temps sans bornes et incréé est le créateur de
« tout.

« La Parole fut sa fille, et de sa fille naquit Orsmus,
« dieu du bien, et Arihman, dieu du mal.

« Invoque le Taureau céleste, continue Zoroastre, père
« de l'herbe et de l'homme. »

Plus tard, en Grèce et à Rome, nous retrouverons le Temps personnifié sous les traits du vieux Saturne, père des dieux et des hommes.

En Égypte, Osiris est le dieu bon, Typhon le dieu méchant, et à la suite de ces dieux du premier ordre se presse la cohue des dieux du second ordre, qui ne dédaignent ni la forme des animaux les plus immondes, ni celle des herbes et des légumes les plus vulgaires.

L'Indien a dit : « L'univers, c'est Vichnou ! » et il ajoute : « Confesse tes fautes au Soleil. »

Minos en Crète, Solon à Athènes, et les Druides dans les Gaules, n'ont été ni mieux inspirés, ni plus rapprochés de la vérité. Le polythéisme a été la loi religieuse de toute l'antiquité païenne ; les Grecs et les Romains, ces peuples rois par le droit de l'intelligence et du génie, n'étaient-ils pas doués d'une foi assez robuste, pour croire en quarante mille dieux et plus, d'après les tables statistiques d'Hésiode !

De cette ignorance générale, il ne faudrait pas conclure cependant que toute l'antiquité a méconnu le dogme de l'unité de Dieu. Le peuple, le vulgaire profane qui n'entrait jamais dans le sanctuaire et qu'on ne jugeait pas politique d'initier aux mystères ; le peuple, pour qui les prêtres, d'accord avec les rois, multipliaient les dieux pour multiplier ses liens, le peuple restait complétement étranger à la science sacrée ; mais la caste sacerdotale, qui exploitait la crédulité publique à son profit et inventait chaque jour de nouveaux dieux pour provoquer de nouvelles offrandes, cette caste, disons-nous, la seule qui fût éclairée dans ces temps primitifs, comprenait un Dieu suprême et unique, comme le prouve ce fragment d'une prière qu'on récitait dans les mystères d'Isis :

« Les puissances célestes te servent, les enfers te sont « soumis, l'univers tourne sous ta main, tes pieds foulent « le Tartare, les astres répondent à ta voix, les saisons « reviennent à tes ordres, les éléments t'obéissent. »

Dans les Livres saints seulement nous trouvons des passages qui font concevoir une idée plus grandiose de Dieu que ces magnifiques paroles et ces splendides images.

Écoutons la formule de prière attribuée à Orphée, elle est encore supérieure à celle d'Isis :

« Marchez dans la voie de la justice, adorez le seul « Maître de l'univers ; il est un, il est seul par lui-même ; « tous les êtres lui doivent leur existence ; il agit dans eux « et par eux ; il voit tout, et jamais il n'a été vu des yeux « mortels. »

Cette prière, nous le demandons, ne pourrait-elle pas être proférée par le chrétien le plus orthodoxe ?

Outre les prêtres, qui, depuis les temps les plus reculés sans doute, se transmettaient traditionnellement le dogme de l'unité de Dieu, il se trouvait encore quelques hommes d'élite, comme les Socrate, les Platon, les Cicéron, qui, sans autre lumière que leur intelligence supérieure, savaient faire justice de ces innombrables divinités dont le culte déshonorait la raison humaine. Encore Socrate, cette glorieuse victime de l'intolérance religieuse, tendait-il plus dans ses leçons à restreindre le nombre des dieux et à épurer l'Olympe, si l'on peut parler ainsi, qu'à enseigner l'unité de Dieu. Seul peut-être, Platon, le divin Platon, comme l'appelaient les Grecs, semble avoir allumé sa lampe au foyer de l'éternelle vérité. Dans sa République,

ou, pour mieux dire, dans le code de ses lois, il fait discourir, en allant à la fontaine, trois vieillards dont la haute et saine philosophie éclate comme un brillant anachronisme. Dans ses sublimes conversations, soit sous les ombrages du verger d'Academus, soit sur le cap Sunium, au bord des flots azurés de cette belle mer Ionienne, il a pressenti vaguement, s'il n'a pas formulé d'une manière nette et précise, le grand dogme de l'unité de Dieu.

Dans l'Inde, dans l'Assyrie, dans la Perse, les prêtres, les savants, les illuminés, savaient aussi à quoi s'en tenir sur l'essence des dieux qu'adorait le peuple ; il s'agit, pour se convaincre de cette vérité, d'étudier avec soin les religions et les philosophies de ces contrées, et de dégager le fond du culte des fables et des allégories dans lesquelles les Orientaux ont toujours tenu la vérité emmaillottée.

Les Chaldéens, par exemple, qui les premiers avaient observé le cours des astres, et qui, à tort ou à raison, leur attribuaient une influence de tous les instants sur la richesse des moissons et même sur le moral de l'homme, en étaient venus à adorer le soleil et les étoiles ; mais les prêtres et les savants ne voyaient dans les corps célestes que les instruments aveugles d'une puissance occulte que l'intelligence humaine ne pouvait ni comprendre ni définir.

En Chine, c'était une autre fable. Puzza, la déesse de la Fécondité, représentée nue et assise sur une fleur de lotos ou sur un héliotrope, avait seize bras terminés par autant de mains mystérieusement armées de couteaux, d'épées, de fleurs et de fruits. Voici l'explication qu'on donnait de ce mythe obscur. Trois nymphes étaient autrefois descendues du ciel pour se baigner dans un fleuve ; à peine s'étaient-elles plongées dans l'eau qu'une plante particulière, nommée *vesicaria*, avait poussé sur les vêtements de l'une d'elles, toute parée de ses fruits de corail. La nymphe ne put résister à la tentation de goûter de ce fruit ; elle en cueillit quelques grappes, en mangea, et soudain devint enceinte. Bientôt elle mit au monde un enfant mâle qu'elle éleva jusqu'à l'âge d'homme, après quoi elle l'abandonna sur la terre et retourna au ciel. Ce fils devint un grand homme, fit des conquêtes et donna des lois au monde.

Chez les Japonais, même vérité enveloppée des mêmes allégories. Si nous dépouillons les symboles religieux de ces peuples du merveilleux qui en obscurcit le sens, nous trouverons que le dieu qu'ils adoraient était une substance invisible, sans forme, sans accident, séparée de toute espèce d'éléments, qui existait par elle-même avant le monde sensible et qui est la source de tout bien. Il a créé l'univers, il est immense, infini, il gouverne le monde sans peine et par l'acte seul de sa volonté éternelle. Il commande le respect et l'obéissance aux rois et aux princes, ses représentants sur la terre.

A travers tous ces emblèmes plus ou moins transparents, il est facile de reconnaître les traditions qui ont servi de point de départ aux écrivains bibliques et de constater cette vérité, que Dieu ne sentit le besoin de venir se

révéler lui-même et en personne qu'alors qu'il vit les
hommes marcher au hasard et prêts à s'engloutir à jamais
dans les ténèbres de l'idolâtrie.

Le peuple élu se montra-t-il digne de la faveur signalée
du Tout-Puissant? Resta-t-il fidèle au Dieu jaloux qui lui
avait commandé de n'avoir point d'autres dieux devant sa
face? Non. L'histoire de cette race rebelle est remplie de
prévarications et d'actes d'idolâtrie. En vain la voix de
Moïse, et plus tard celle des Juges et des Prophètes, la
rappellent dans les voies de la sagesse infinie, le souvenir
des divinités égyptiennes la ramène sans cesse au culte
des idoles. A peine les échos du désert ont-ils répété les
dernières syllabes du beau cantique d'actions de grâces
entonné après le passage de la mer Rouge, que la mauvaise
nature de ce peuple reprenant le dessus, le voilà qui s'emporte en murmures et en plaintes, se prend à regretter d'a-
voir quitté l'Égypte, et se demande comment il échappera
aux dangers de toute sorte qui l'attendent dans le désert.
Il a faim, et il soupire après les viandes de l'Égypte (Exode,
c. XVI, v. 3); il a soif en Rephidim, où il campait, et sur
le point de lapider Moïse en face du rocher d'Horeb que
Dieu va féconder, il s'écrie :

« L'Éternel est-il au milieu de nous ou n'y est-il pas? »

Il chasse ses troupeaux altérés vers les eaux de Mara, et
il se lamente et murmure contre Moïse, disant : « Que
boirons-nous? » (Exode, c. XV, v. 24.) Au moment même
où le gendre du sage Jéthro était perdu dans les hauteurs
embrasées du Sinaï et que le Dieu d'Abraham lui dictait
ses lois et ses ordonnances, qu'il lui donnait le modèle de
son tabernacle et de l'autel des holocaustes, qu'il instituait
les sacrificateurs et le sacrifice perpétuel, ceux d'Israël,
voyant que Moïse tardait à descendre de la montagne, vont
en foule trouver Aaron et lui disent :

« Viens, fais-nous des dieux qui marchent devant nous,
« car pour ce qui est de ce Moïse, nous ne savons ce qui
« lui est arrivé. » (Exode, c. XXXII, v. 1.)

Alors ils jettent leurs anneaux d'or et leurs bracelets
dans la fournaise, et par les soins impies d'Aaron, il en
sort un veau d'or devant lequel ils dansent, ils se proster-
nent, et qu'ils adorent en le remerciant de les avoir tirés
de la servitude! Certes, l'Éternel connaissait bien Israël
lorsqu'il disait :

« C'est un peuple ingrat et d'un cou roide. » (Exode,
c. XXXII, v. 9.)

Plus tard, quand ceux qu'on avait envoyés reconnaître
le pays de Chanaan revinrent épouvantés en s'écriant que
ce pays était peuplé de géants :

« Pourquoi, dirent les Hébreux, l'Éternel nous conduit-
« il vers ce pays-là, afin que nous y tombions par l'épée? »
(Nomb. c. XIV, v. 3.)

Une autre fois, Coré, Dathan et Abiron se révoltent à la
tête de deux cent cinquante des principaux d'Israël, et la
terre ouvre sa bouche et les engloutit vivants, à la voix du
Dieu qu'ils ont méconnu. (Nombr. c. XVI.)

Une partie du peuple cohabite avec les filles de Madian
et se prosterne devant leurs dieux, et Phinées, descendant
d'Aaron, porte à Zimri un coup de javeline qui occasionne
la mort de vingt-quatre mille coupables. (Nombr. c. XXV.)

Laissons parler Moïse lui-même :

« Je vous ai dit : Ne craignez rien, le Dieu des armées
« marchera devant vous et vous rendra vainqueurs de tous
« les obstacles et de tous vos ennemis; mais tout ce que je
« vous ai dit n'a pu vous porter à croire à l'Éternel. »
(Deutér. c. I.)

Lisez l'histoire des songeurs et des faux prophètes jour-
nellement consultés; écoutez surtout le Psalmiste :

« Dieu a regardé du haut des cieux sur la terre, et il n'a
« pas vu un seul homme qui marchât hors des routes de
« l'iniquité et crût en l'Éternel. » (Ps. LIII.)

Écoutez encore le prophète Isaïe; il conseille aux Israélites de détruire les idoles d'or et d'argent qu'ils ont faites
et leur promet à ce prix le pardon de Jéhovah. (Is. c. XXXI
et XLIV.)

Jérémie leur dit avec amertume :

« O Juda, tu as eu autant de dieux que de villes! » (Jér.
c. XI, v. 28.)

« Fils de l'homme, dit le Seigneur au prophète Ézé-
« chiel, ceux de la maison d'Israël ont souillé la terre que
« je leur ai donnée, par le culte de leurs divinités in-
« fâmes. » (Ézéch. c. XXXVI.)

Ces citations, qu'il nous serait facile de multiplier,
prouvent que le peuple de Dieu lui-même ne fut pas toujours fidèle aux dogmes de l'unité de Dieu; que faut-il
donc penser des autres nations de la terre? Quand dans les
siècles postérieurs, Jésus-Christ vint abolir l'ancienne loi
et y substituer la loi nouvelle, expression complète et défi-
nitive de la volonté éternelle, où en étaient les peuples
païens? Rome, devenue la capitale du monde, était à la
veille de diviniser des monstres tels que Tibère et Caligula!

Le premier précepte du Décalogue est à la fois impératif
et prohibitif : impératif au premier chef, *tu n'adoreras
qu'un seul Dieu;* prohibitif au deuxième, *et tu n'adoreras
pas d'images façonnées de tes mains.* Cette dernière disposition législative se comprend de reste quand on se reporte
aux citations que nous avons extraites de la Bible et qu'on
songe à la propension fatale que montrait pour l'idolâtrie
un peuple qui était né et qui avait grandi au milieu de nations idolâtres. C'est cette même prohibition qui, mal interprétée par Léon l'Isaurien, provoqua l'édit de 726 et
suscita la secte des Iconoclastes, ou briseurs d'images. En
dépit de l'autorité et des protestations de Germain le Patriarche, qui occupait alors le siége de Constantinople, au
mépris des bulles que le pape Grégoire II menaçait de fulminer, la populace dévasta les basiliques, massacra les
moines qui voulaient s'opposer à ses excès, brûla ceux de
Sainte-Sophie avec leur trésor de trente-trois mille vo-
lumes, et nous dépouilla, dans son fanatisme aveugle, d'une
foule d'objets d'arts et de chefs-d'œuvre scientifiques à
l'aide desquels nous pourrions sans doute combler bien
des lacunes historiques.

Aujourd'hui, l'unité de Dieu est proclamée et saluée à l'envi, de l'aurore au couchant et par toutes les nations, comme le seul article de loi immuable parmi les hommes. Jéhovah, le Dieu de Jacob, le Dieu des chrétiens, règne sur l'immensité du monde comme dans l'immensité des cieux. Il habite au ciel, sur la terre et en tout lieu, comme disent les petits enfants, hélas! souvent plus sages que les pères. C'est le Dieu d'Isaïe et de Bossuet; c'est le Dieu des saints Patriarches, celui qui, au commencement, d'un signe créa le monde, et d'un mot le féconda; qui, mécontent de son ouvrage, plongea dans l'abîme des mers ce globe souillé de sang et de crimes, et l'exposa pur et rajenni aux rayons du soleil réparateur de sa miséricorde. C'est celui qui fut, celui qui est, celui qui sera, l'alpha et l'oméga, le principe et la fin de toutes choses; l'Être par excellence enfin, dont le nom sacré ne devrait passer que sur des lèvres purifiées par la vertu et par le charbon de feu du Prophète; celui dont la foudre et les vents, dont les fleurs et les fruits racontent la gloire; celui devant qui tout passe et qui ne passe jamais; celui qui a sanctifié le malheur et la pauvreté; le Dieu fort dont il a été écrit : « Sa voix brise les cèdres » (Ps. xxix, v. 5.); le Dieu des armées, le Dieu qui protége la France et que nous appelons tous notre Père.

Non assumes nomen
domini tui in vanum.

On ne prendras point
le nom du Seigneur
ton Dieu en vain.

Thou shalt not take
the name of the Lord
thy God in vain.

Du sollst den Namen des
Herrn deines Gottes nicht
vergeblich anführen.

No jurarás el
nombre de Dios en
vano.

II.

TU NE PRENDRAS POINT LE NOM DE L'ÉTERNEL, TON DIEU, EN VAIN.

Les Pères de l'Église, les docteurs, les savants qui ont commenté les saintes Écritures, ne sont pas tous tombés d'accord sur la nature et l'étendue des obligations renfermées dans ce précepte ; les uns pensent qu'il ne s'applique qu'à l'invocation du nom de Dieu sans nécessité, ou, ce qui est plus coupable, à l'appui d'un mensonge ; les autres, et c'est le plus grand nombre, y voient la condamnation de tout acte ou de toute parole qui aurait pour but de porter atteinte à la toute-puissance et à la majesté de Dieu. Ainsi, le troisième précepte du Décalogue frappe de la même réprobation le faux serment, le blasphème et la profanation des choses sacrées.

Le serment est sans contredit l'acte le plus grave, le plus solennel que l'homme puisse accomplir, puisque par cet acte il prend à témoin de sa sincérité Dieu lui-même, Dieu, le souverain juge, Dieu, qui lit dans le fond des cœurs, et qui possède avant nous le secret de nos pensées, de nos faiblesses, de nos passions. La connaissance que nous avons de nous-mêmes, nos moyens de certitude, si nous les comparons à l'infaillibilité divine, sont si faibles et si bornés, que ce n'est qu'en tremblant que nous devons en appeler à une autorité aussi formidable, et qu'avant d'y avoir recours, nous devons épuiser toutes les ressources du raisonnement, toutes les preuves qui éclairent l'esprit et forcent la conviction. Dieu, toutefois, ne nous a pas interdit le serment ; il l'autorise dans une certaine mesure et dans certains cas déterminés. « Tu « craindras l'Éternel, ton Dieu, dit l'Écriture ; et tu le ser- « viras, et tu jureras par son nom. » (Deutéron. ch. VI, v. 13.)

Dieu lui-même dit du haut des cieux à Abraham : « J'ai « juré par mon nom, parce que tu as fait cela et que tu « n'as point épargné ton fils unique ; certainement je te « bénirai et je multiplierai ta postérité. » (Gen. ch. XXII, v. 16.)

Ce n'est donc pas l'invocation de son nom que Dieu a voulu défendre, mais seulement la confirmation d'un mensonge par serment.

Si le faux serment est un crime, et un crime odieux en ce sens qu'il a pour effet d'exploiter lâchement la bonne foi et la religion des hommes, du moins, comme tous les autres crimes, trouve-t-il son explication dans la faiblesse et l'imperfection de notre nature. Le parjure, comme la sensualité, comme la séduction, comme le vol, comme le meurtre, comme toutes les passions mauvaises, a sa cause dans l'intérêt, dans l'intérêt personnel et égoïste, qui marche droit à son but en foulant aux pieds toutes les lois divines et humaines ; mais quelle explication donner à ce crime insensé, à ce crime sans motif, sans portée et sans raison qu'on nomme le blasphème ? Le blasphème, insulte sans profit, et par cela même absurde, qui n'atteint pas celui à qui elle s'adresse, et qui, ne pouvant monter jusqu'au ciel, retombe de tout son poids sur la tête de son auteur. « Le blas- « phème, dit saint Thomas, est le glaive, le carquois, les « traits et les armes avec lesquels l'homme fait la guerre « à Dieu ; » pauvre armure en vérité contre un tel adversaire ! pauvre colère, qui vient se briser contre l'immense mépris de Dieu, comme de fragiles flèches de bois contre une citadelle de granit ! La guerre à Dieu, la guerre à l'Être souverainement bon, souverainement clément, souverainement juste ; la guerre par le blasphème, par l'outrage, par l'insulte, n'est-ce pas le dernier degré de la déraison et de la fureur ? Un tyran menaçait saint Polycarpe de la mort s'il ne reniait et blasphémait Dieu. Le martyr répondit : « Pour quel motif renierais-je et maudirais-je « Dieu, qui ne m'a jamais fait de mal, qui, au contraire, « m'a comblé de ses dons ? Tu peux me tuer, je suis prêt « à souffrir toutes les tortures, mais tu ne me contrain- « dras pas à renier mon bienfaiteur. »

Chez tous les peuples, dans toutes les religions, le blasphème a toujours été l'objet de la même répulsion, de la même horreur. Les Juifs, si quelqu'un venait à blasphémer, déchiraient leurs vêtements en poussant des cris de douleur, et tombaient la face contre terre. Le mot même MALÉDICTION, qui est la formule la plus ordinaire du blasphème, leur causait un tel sentiment de terreur, qu'ils redoutaient de s'en servir, et que, par un religieux artifice de langage, ils employaient, pour exprimer la même idée, le terme diamétralement opposé. Job, pendant que ses fils se traitaient chacun à leur tour dans des festins, craignant qu'il ne leur échappât quelque blasphème, offrait pour eux, chaque matin, avant le jour, des sacrifices à Dieu, disant : « Peut-être que mes enfants pèchent et « *bénissent* le Seigneur. » (Job, ch. I, v. 5.)

La femme de ce saint homme, le voyant sur le point de mourir, et voulant lui persuader de donner le change à sa douleur en lançant à Dieu le blasphème et l'insulte, lui dit : « *Bénis* Dieu, et meurs. » Judas l'apôtre rapporte dans ses Canoniques que l'archange Michel, luttant avec le diable pour la possession du corps de Moïse, lui dit : « Que Dieu te commande! » n'osant pas dire, même au diable : Que Dieu te maudisse!

Ce crime semblait à saint Chrysostôme, si renommé pour sa charité et pour sa douceur, le plus horrible de tous, et le plus indigne de pardon. Voici ce qu'il disait à une nombreuse réunion de fidèles, à la fin d'une homélie : « La seule récompense que je vous demande pour ce dis-« cours, c'est de châtier, en souvenir de moi, tous ceux « qui blasphèment en cette ville. Si vous entendez quel-« qu'un blasphémer sur une place publique, accostez-le, « sermonnez-le, et s'il faut en venir aux coups, n'hésitez « pas, souffletez-le, frappez-le au visage; vous sanctifie-« rez ainsi votre main. »

Le roi Robert, fils d'Hugues Capet, attribuait aux blasphémateurs les calamités effroyables qui désolaient la France, et il fit un pèlerinage à Orléans pour supplier Dieu d'extirper ce crime de son royaume.

Tous les législateurs ont institué des peines redoutables contre les blasphémateurs.

Chez les Juifs, ils étaient lapidés, comme on le voit par ce passage du Lévitique :

« Or, il arriva que le fils d'une femme israélite, qui « était aussi fils d'un homme égyptien, sortit parmi les « enfants d'Israël; et ce fils de la femme israélite et un « homme israélite se querellèrent dans le camp.

« Et le fils de la femme israélite blasphéma le nom de « l'Éternel, et le maudit, et ils l'amenèrent à Moïse. (Or « sa mère s'appelait Scélomith, fille de Dibri, de la tribu « de Dan.)

« Et ils le mirent en prison, jusqu'à ce qu'on leur eût « déclaré ce qu'ils en devaient faire, selon la parole de « l'Éternel.

« Et l'Éternel parla à Moïse, disant :

« Tire hors du camp celui qui a maudit, et que tous « ceux qui l'ont entendu mettent les mains sur sa tête, et « que toute l'assemblée le lapide.

« Et parle aux enfants d'Israël, et dis-leur : Qui-« conque aura maudit son Dieu portera la peine de son « péché.

« Et celui qui aura blasphémé le nom de l'Éternel sera « puni de mort; toute l'assemblée ne manquera pas de « le lapider; on fera mourir et l'étranger, et celui qui est « né au pays, qui aura blasphémé le nom de l'Éternel. »

Le Coran punit également de mort le blasphémateur. Le code de Justinien le frappe de la même peine.

Les druides l'ensevelissaient vivant dans la boue.

Un édit de Philippe-Auguste porte que les blasphéma-teurs seront noyés dans un lac ou dans une rivière.

Saint Louis ordonna qu'on leur percerait la langue avec un fer rouge. Un bourgeois de Paris ayant encouru ce supplice, le saint roi refusa avec opiniâtreté de lui faire grâce, disant qu'il se soumettrait volontiers lui-même à

ce châtiment, s'il pouvait par là anéantir dans son royaume l'horrible habitude du blasphème.

Le premier blasphémateur fut Satan, et cela devait être ; car le blasphème n'est que le cri de l'orgueil, que la révolte insensée de la présomption contre la force, de la créature contre le Créateur. L'outrage que l'homme fait à son supérieur est une protestation énergique contre cette supériorité même qui l'indigne; l'insulte, en rava-lant d'ordinaire celui à qui elle est adressée, le fait des-cendre dans l'opinion de l'agresseur jusqu'à son propre niveau; l'homme donc qui blasphème semble vouloir di-minuer la majesté de Dieu pour le rendre son égal, comme cet empereur romain qui fit décapiter la statue de Jupiter, et remplacer la tête du dieu par la sienne.

Ce qu'il y a peut-être de plus redoutable dans ce crime, c'est que l'orgueil, qui nous pousse à le commettre, nous force aussi à y persévérer. L'orgueil est la plus implaca-ble des passions humaines; aux yeux de celui qui en est dominé, je ne sais quelle fausse honte s'attache à la ma-nifestation du repentir, à l'aveu des remords qu'il éprouve. Judas, après avoir livré son divin maître, au lieu de sol-liciter par la prière et la pénitence le pardon de sa tra-hison, va se pendre à l'écart, croyant racheter par ce second crime la lâcheté du premier.

Julien l'Apostat, blessé mortellement d'un coup de lance dans la guerre persique, au lieu de tomber à ge-noux et d'adorer la main de Dieu, qui le frappait si visi-blement, ramasse son sang dans sa main, et s'écrie en le lançant vers le ciel : « Réjouis-toi, Galiléen, tu m'as « vaincu! »

Peut-être que cette audace étrange qui anime les blas-phémateurs jusqu'au milieu des châtiments que Dieu leur inflige, a pour cause moins la perversité de leur esprit et l'endurcissement de leur cœur, que la conscience de l'é-normité de leur crime et la crainte où ils sont de ne pas en obtenir le pardon. Peut-être qu'ils s'écrient avec Caïn : « Mon iniquité est trop grande pour que Dieu m'accorde « jamais ma grâce, » et qu'alors, s'enivrant de leur pro-pre désespoir, ils mettent toute leur gloire à braver leur juge, comme ces malheureux Indiens qui, attachés au po-teau funèbre, et déjà entourés des flammes qui doivent les dévorer, entonnent fièrement leur chant de mort, et insultent de la voix et du regard un ennemi qu'ils savent inaccessible à la pitié. N'est-ce pas là ce sentiment sau-vage qu'a voulu peindre le poëte, lorsqu'il fait dire à Oreste, tourmenté par les Furies :

Grâce aux dieux, mon malheur passe mon espérance,
Et je te loue, ô ciel, de ta persévérance.

Ce cri de douleur est le sublime de la rage.

On ne peut assurément pousser trop loin la crainte d'offenser Dieu par quelque parole indiscrète ou irréflé-chie; il ne faut pas toutefois oublier que le blasphème n'emprunte son caractère de criminalité qu'à l'intention manifeste d'outrager le Créateur. Notre raison est si faible, notre intelligence est si bornée ; nous sommes, tous tant que nous sommes, si peu en état de comprendre la grandeur et la perfection de Dieu, que notre vie ne serait qu'une appréhension perpétuelle, s'il suffisait d'une erreur involontaire pour encourir sa disgrâce éternelle. Il y a loin d'une insulte à une idée fausse, d'un blasphème à une hérésie. Lorsque les manichéens prétendaient que Dieu est l'auteur du mal comme du bien, lorsque les ariens attribuaient à Jésus-Christ une nature différente de celle de son père, lorsque les macédoniens niaient la divinité de l'Esprit-Saint, lorsque les disciples de Basilide et de Ménandre soutenaient que le monde inférieur a été créé par les anges, assurément toutes ces sectes étaient bien éloignées de l'intention d'outrager la majesté divine ; elles enseignaient des erreurs condamnables sans doute ; mais ces erreurs, tout en témoignant de la présomption de leurs auteurs, n'avaient pas leur source dans la haine et le mépris de Dieu. C'est pour les dissidents, c'est pour les hérétiques de bonne foi que Jésus-Christ priait lorsqu'il s'écriait sur la croix : « Mon père, pardonnez-leur, « car ils ne savent ce qu'ils font ! »

La profanation diffère du blasphème en ce qu'au lieu de s'attaquer à Dieu par des paroles, le profanateur attente à la majesté divine par des actes, soit en portant une main téméraire sur les choses sacrées, soit en les détournant de leur usage, soit en se livrant aux exercices de dévotion, l'esprit préoccupé des choses de la terre ou la conscience ternie par quelque faute grave. Dieu est si grand et si immensément saint, que nous devons redouter de nous présenter devant lui dans l'état d'imperfection où nous laisse la pratique des choses de la vie ; de là cette opinion répandue chez presque tous les peuples de la terre, qu'avant d'implorer une grâce de la clémence divine, ou seulement de pénétrer dans les lieux consacrés, il faut commencer par se purifier de toute souillure. C'est ainsi que les nations de l'Orient se préparent aux actes religieux par des ablutions ou par l'immersion dans des eaux courantes ; mais le dogme chrétien, si élevé, si moral, si spiritualiste, ne se contente pas de cette purification extérieure du corps, et efface par la confession jusqu'aux taches les plus imperceptibles de l'âme. Oui, il était réservé au christianisme d'élever à la hauteur d'un acte religieux cette révélation des mystères de la pensée, cette dénudation de la conscience qui renouvelle pour ainsi dire l'âme de l'homme en la disposant, par une humiliation salutaire, à la résolution de ne plus retomber dans des fautes qui amèneraient encore la nécessité d'un aveu.

C'est cette croyance si religieuse du reste et si profondément morale, que Dieu ne saurait agréer l'offre d'un cœur impur, qui a dicté ces interdictions lancées par la loi judaïque contre les impies et les idolâtres. On sait que les Juifs seuls pouvaient pénétrer dans le temple, et que les étrangers qui venaient sacrifier au Dieu d'Israël s'arrêtaient dans l'enceinte extérieure, où ils campaient sou-

vent avec toute leur suite. Comme l'entrée du temple n'était permise qu'aux Juifs, de même il y avait dans le temple un lieu plus sacré encore que le reste, le sanctuaire, le saint des saints, dont les portes mystérieuses ne s'ouvraient que devant le souverain pontife. Malheur à l'imprudent qui aurait violé le secret de ce lieu redoutable : il eût été immédiatement frappé de mort comme les habitants de Bethsamès, qui avaient osé jeter un regard téméraire sur l'arche de l'Éternel.

Le paganisme, bien que ses dogmes ne fussent ni aussi sévères ni aussi imposants que ceux de la religion de Moïse, professait cependant la plus grande vénération pour les temples et les lieux consacrés. Si cette vénération ne s'était manifestée que par l'exclusion des scélérats et des impies, si elle s'était bornée à fermer devant le parricide Néron les portes du temple d'Isis, un sentiment si véritablement religieux ne trouverait certes que des approbateurs ; mais peut-on en dire autant de ces exceptions injustes, cruelles même, que la charité des apôtres reprochait avec tant de raison au polythéisme antique ? Comme les poëtes et les philosophes qui avaient imaginé les dieux s'étaient plu à les parer de toutes les richesses, de toutes les séductions de la beauté physique ; qu'ils leur avaient attribué en outre tous les instincts, toutes les passions, toutes les faiblesses de l'humanité, on en était arrivé à conclure que tout ce qui choque la sensuelle délicatesse des organes de l'homme devait aussi choquer les dieux ; et, pour éloigner de leurs regards un spectacle repoussant ou pénible, on chassait loin des temples les mendiants, les malades, les infirmes, tous les misérables enfin, qui, plus encore que les heureux du monde, ont droit aux consolations de la religion et à la compassion infinie de Dieu.

C'est encore dans la crainte mystérieuse qu'inspiraient les lieux saints qu'il faut chercher l'origine du droit d'asile, de ce droit dont la philosophie peut facilement critiquer les abus, mais qui aura toujours ceci de respectable, que, dans des siècles de désordre et de barbarie, il ouvrait un refuge assuré au faible contre le fort, à l'opprimé contre l'oppresseur. Quoi de plus touchant que la protection dont le Sauveur des hommes couvrit la femme adultère poursuivie par ses accusateurs ? Et pourtant cette femme était coupable, son crime était manifeste ; elle ne le niait même pas ; mais elle était tombée aux pieds de Jésus-Christ, elle avait touché ses vêtements de ses mains suppliantes, et par cela seul elle était devenue sacrée et inviolable. C'est à l'exemple du Fils de Dieu, ce modèle divin de toute bonté et de toute clémence, que les premiers chrétiens avaient ouvert dans leurs églises un lieu de refuge où tous les suppliants, malheureux ou coupables, étaient sûrs de trouver un asile contre leurs persécuteurs ou leurs juges, et pouvaient sans crainte élever leur voix vers Dieu, soit pour le remercier de sa miséricorde, soit pour implorer, par des paroles de repentir, le pardon de leurs crimes ; loi sublime, qui voulait qu'aux pieds de l'autel du Seigneur s'éteignissent toutes les passions de la terre, et que l'autorité des hommes s'arrêtât sur le seuil de la maison de Dieu !

Le respect qui s'attachait à l'intérieur des temples s'attachait aussi chez les païens à tous les rites, à toutes les cérémonies du culte. On sait de quels châtiments étaient punis ceux qui troublaient une théorie ou un sacrifice ; on sait aussi quelles peines terribles frappaient les initiés qui dévoilaient le secret des mystères.

Hérodote dit plusieurs fois, en parlant de diverses cérémonies de la religion des Égyptiens : « J'en sais bien la raison, mais je n'ose pas la dire. »

Diagoras fut proscrit par les Athéniens pour s'être oublié, dans une conversation intime avec quelques amis, jusqu'à parler de l'hymne secrète d'Orphée.

Eschyle risqua d'être déchiré par le peuple pour avoir donné dans une de ses tragédies quelque idée de ces mêmes mystères.

Enfin, dans le siècle d'Auguste, à cette époque si éclairée, où les temples des faux dieux s'écroulaient de toutes parts pour faire place bientôt aux églises du Christ, le poëte Horace, Horace, dont la haute raison devait avoir fait justice du Tartare et de l'Olympe, s'écriait qu'il n'habiterait pas volontiers sous le même toit qu'un homme qui aurait dévoilé les mystères de Cérès Eleusine.

> ..... Vetabo qui Cereris sacrum
> Vulgarit arcanæ, sub iisdem
> Sit trabibus, fragilem ve mecum
> Solvat phaselum...
>
> (Liv. III, od. 2.)

Que conclure de cette horreur universelle de tous les temps, de tous les peuples, de toutes les religions pour les impies et les blasphémateurs? sinon que Dieu a placé dans le cœur de tous les hommes, à quelque communion qu'ils appartiennent, le respect instinctif de son nom, et que l'oubli de ce respect est une violation des lois de la nature aussi bien qu'un outrage à la Divinité !

Memento ut diem sabbati sanctifices.
Souviens-toi de sanctifier le jour du sabbat.
Remember to keep the sabbath day.
Vergiss nicht den Tag des Sabats zu heiligen.
Sanctificaras el dia de sabado

III.

SOUVIENS-TOI DE SANCTIFIER LE JOUR DU SABBAT.

Par ce précepte, Dieu choisit un jour de chaque semaine qu'il déclare lui appartenir ; ce jour-là, l'homme doit abandonner la charrue dans le sillon commencé, ramener à l'étable ses bœufs fatigués et se reposer lui-même de son labeur comme Dieu s'était reposé après avoir tiré le monde du néant. Ce jour-là doit être pour l'univers entier un jour de calme et de silence, où l'homme, délivré momentanément des préoccupations et des soucis de la terre, puisse se réfugier dans le recueillement de la prière et méditer à loisir les bienfaits de son Créateur. C'est alors que, jetant un regard en arrière sur les jours qui viennent de s'écouler, il se demande à lui-même un compte sévère de ses pensées et de ses actions, et que selon la réponse qu'il trouve au fond de son cœur, il remercie Dieu de l'avoir guidé dans ses voies ou le prie avec ferveur de le rendre meilleur pour les jours d'épreuve qui vont suivre. Jour de repos, jour de joie, jour de prière, où la nature rentre en possession de ses douces et suaves harmonies; où les bois, abandonnés par le bûcheron, ne retentissent plus que des chants des oiseaux ; où le silence des campagnes et des prairies n'est plus troublé que par le murmure du ruisseau qui coule sous les fleurs ou du vent qui se joue dans le feuillage des grands peupliers. Et maintenant, pénétrez dans cette humble chaumière : n'est-ce pas un touchant et religieux tableau que cette pieuse et simple famille réunie autour de son foyer rustique et prêtant une oreille attentive à la voix de l'aïeul qui raconte, avec la foi des anciens jours, quelque pieuse légende ou la vie de quelque saint de la contrée. Les serviteurs eux-mêmes, mêlés aux enfants du patriarche, partagent le repos et les délassements de la famille; car Dieu a dit :

« Tu ne feras aucune œuvre en ce jour-là, ni toi, ni ton «fils, ni ta fille, ni ton serviteur, ni ta servante, ni ton « chameau, ni ton hôte. »

Admirable sollicitude qui est aussi un précieux enseignement, puisque nous apprenons par là que si les lois et les coutumes ont établi sur la terre des distinctions entre les hommes, Dieu regarde du même œil les humbles et les puissants, et ne fait point de différence entre tous les membres de la famille humaine.

Nulle part on ne voit que chez les nations païennes les esclaves pussent réclamer leur place dans le temple des dieux à côté des citoyens, des hommes libres. Si on les laissait approcher des autels, c'était par tolérance, par inadvertance peut-être, mais à coup sûr ils ne se fussent pas

risqués à demander qu'on les délivrât de leurs chaînes le jour de la fête de Jupiter ou d'Apollon. A Athènes, il est vrai, on permettait à ces malheureux de s'enivrer trois jours par an, aux fêtes de Bacchus ; mais cette permission même était une insulte. A Rome, pendant les fêtes de Saturne, les maîtres servaient eux-mêmes leurs esclaves, en souvenir, disaient-ils, de l'âge d'or; mais le fouet d'un affranchi eût bientôt puni le téméraire qui eût osé prendre au sérieux cette réminiscence philosophique.

Il n'appartenait qu'à la véritable religion de réhabiliter ainsi le misérable. Pour le pauvre, en effet, pour l'homme de labeur, pour le mercenaire, l'entrée du temple n'est pas une faveur, mais un droit qu'il peut réclamer à haute voix et au nom de Dieu ; car à lui comme au plus puissant roi de la terre Dieu a fait un devoir des pratiques religieuses. Avec la même autorité encore il peut se refuser à tout travail servile quand revient le jour du Seigneur; car c'est le Seigneur lui-même qui lui a ordonné de sanctifier ce jour par la prière et le repos.

Cependant, un temps arriva où cette journée de la bénédiction de la terre, cette journée du repos de Jéhovah, choqua quelques orgueilleux novateurs. — « Après six mille ans d'un consentement universel, après soixante siècles d'hosannah, la sagesse humaine, levant la tête, osa juger mauvais l'ouvrage que l'Éternel avait trouvé bon. Elle crut qu'en nous replongeant dans le chaos, elle pourrait substituer la tradition de ses ruines et de ses ténèbres à celle de la naissance de la lumière et de l'ordre des mondes ; un dixième jour vint remplacer cet antique sabbat lié au souvenir du berceau des temps, ce jour sanctifié par la religion de nos pères, chômé par cent millions de chrétiens sur la surface du globe, fêté par les saints et les milices célestes, et pour ainsi dire gardé par Dieu même dans les siècles de l'éternité. »

« On sait maintenant par expérience que le cinq est un jour trop près et le dix un jour trop loin pour le repos. La terreur, qui pouvait tout en France, n'a jamais pu forcer le paysan à remplir la décade, parce qu'il y a impuissance dans les forces humaines, et même, comme on l'a remarqué, dans les forces des animaux. Le bœuf ne peut labourer neuf jours de suite; au bout du sixième, ses mugissements semblent demander les heures marquées par le Créateur pour le repos général de la créature. » (Chateaub., *Génie du Christ.*)

L'observation du sabbat datait chez les Juifs de la plus haute antiquité ; cette coutume religieuse était antérieure même à la promulgation du Décalogue, comme on le voit par ces paroles adressées par Moïse aux Hébreux le jour que Dieu fit pleuvoir une manne céleste sur le désert.

« Demain est le repos, le sabbat saint à l'Éternel ; « faites cuire ce que vous avez à cuire, et faites bouillir ce « que vous avez à faire bouillir, et serrez tout ce qui sera « de surplus pour le garder jusqu'au matin. » (Exod., c. xvi, v. 23.)

Les saintes Écritures ne nous disent pas de quel châtiment était punie avant la révélation du Sinaï la profanation du jour du Seigneur ; mais depuis cette époque ce crime fut puni de mort comme l'atteste ce passage :

« Gardez le sabbat, car il vous doit être saint ; quicon- « que le violera sera puni de mort. » (Exod. c. xxxi, v. 14.)

Les Hébreux n'étaient pas encore sortis du désert, que cette peine rigoureuse reçut son application :

« Or, les enfants d'Israël étant au désert trouvèrent un « homme qui ramassait du bois le jour du sabbat ;

« Et ceux qui le trouvèrent ramassant du bois l'ame- « nèrent à Moïse et à Aaron et à toute l'assemblée ;

« Et ils le mirent en prison ; car on n'avait pas encore « déclaré ce qu'on lui devait faire ;

« Alors l'Éternel dit à Moïse : On punira de mort cet « homme-là, et toute l'assemblée le lapidera hors du camp ;

« Toute l'assemblée donc le mena hors du camp, et ils « le lapidèrent, et il mourut, comme l'Éternel l'avait com- « mandé à Moïse. » (Nombres, c. xv.)

Ce terrible exemple avait fait une telle impression sur les Hébreux, qu'ils portèrent quelquefois l'observation du sabbat jusqu'à l'exagération la plus outrée. Dieu avait prescrit le repos ; ils s'imposèrent l'inaction la plus abso- lue. Dieu leur avait défendu de s'occuper de travaux ser- viles (Lévitiq., c. xxiii, v. 8) ; ils se firent scrupule de dé- fendre leur vie contre un ennemi ou un assassin. C'est ainsi que dans la guerre d'extermination qu'ils soutinrent contre le roi Antiochus, ils aimèrent mieux se laisser mas- sacrer sans défense que de violer en combattant le repos du sabbat.

« Les officiers du roi et l'armée qui était à Jérusalem, « dans la ville de David, furent avertis que quelques gens « qui avaient foulé aux pieds l'édit du roi s'étaient retirés « dans les lieux déserts, et que plusieurs les avaient suivis.

« Ils marchèrent aussitôt à eux et se préparèrent à les « attaquer le jour du sabbat.

« Et ils leur dirent : Résisterez-vous encore à présent ? « Sortez et obéissez à l'édit du roi Antiochus, afin que « vous viviez.

« Ils leur répondirent : Nous ne sortirons point et nous « n'obéirons point à l'édit du roi, ni nous ne violerons « point le jour du sabbat.

« Ces gens les attaquèrent donc ;

« Et ils ne leur répondirent rien ; ils ne jetèrent pas « une seule pierre contre eux, et ils ne bouchèrent point « les lieux sacrés où ils s'étaient retirés.

« Mais ils dirent : Mourons tous dans la simplicité de « notre cœur, et le ciel et la terre seront témoins que vous « nous faites mourir injustement.

« Les ennemis les attaquèrent donc le jour du sabbat, « et ils furent tués, eux, leurs femmes et leurs enfants avec « leurs bestiaux : mille hommes périrent en ce lieu-là. » (Machab., liv. 1, c. ii.)

Vers ce même temps commença à paraître la secte des pharisiens qui renchérit encore par ses austérités calculées sur les scrupules religieux de la nation. Les pharisiens menaient une vie simple et sévère au dehors, mais ils étaient pour la plupart attachés à leurs intérêts, ambitieux et avares ; ils se piquaient d'une extrême exactitude dans la pratique extérieure de la religion ; ils portaient toujours sur le front ou sur le bras gauche une tablette où étaient gravés quelques passages de la loi, interprétant dans le sens physique et matériel ces paroles de l'Écriture :

« Ces commandements que je te prescris aujourd'hui seront dans ton cœur ;

« Tu les attacheras comme un signe sur tes mains, et ils seront gravés entre tes yeux. » (Deuter., c. vi.)

Ils affectaient de faire l'aumône en public, et se jaunis- saient le visage pour paraître amaigris par les jeûnes ; ils séduisaient par leurs discours étudiés le peuple ignorant et les femmes, qui se privaient de leurs biens pour les en- richir : et sous prétexte qu'ils étaient le peuple de Dieu et les dépositaires de sa loi, ils méprisaient les Grecs et les Romains et toutes les nations de la terre.

Il n'est pas possible aujourd'hui d'imaginer les questions frivoles dont se préoccupaient les pharisiens : ils exami- naient, par exemple, s'il est permis le jour du sabbat de monter sur un âne pour le mener boire ou s'il faut le tenir par le licou ; si l'on peut marcher dans une terre fraiche- ment ensemencée, parce que l'on court le risque d'enlever quelques grains avec les pieds, et par conséquent de les se- mer ; s'il est permis ce même jour d'écrire assez de lettres pour former un sens, etc. (Fleury, *Mœurs des Israélit.*)

On sait que les pharisiens prirent quelquefois prétexte de l'inviolabilité du sabbat pour perdre Jésus-Christ dans l'esprit du peuple ; mais le Sauveur des hommes sut tou- jours, avec l'autorité de sa parole divine, confondre leur hypocrisie et déjouer leurs manœuvres.

« En ce temps-là, dit l'Évangile, Jésus passait par des « blés en un jour de sabbat, et ses disciples, ayant faim, se « mirent à arracher des épis et à en manger.

« Les pharisiens voyant cela, lui dirent : Voilà tes dis- « ciples qui font ce qu'il n'est pas permis de faire le jour « du sabbat.

« Mais il leur dit : N'avez-vous pas lu ce que fit Da- « vid ayant faim ; comment il entra dans la maison de Dieu « et mangea les pains de proposition, dont il n'était pas « permis de manger, ni à lui ni à ceux qui étaient avec lui, « mais aux seuls sacrificateurs ?

« Or, je vous dis que le Fils de l'homme est maître même
« du sabbat.

« Étant parti de là, il vint dans leur synagogue;

« Et il y trouva un homme qui avait une main sèche; et
« ils lui demandèrent pour avoir lieu de l'accuser : Est-il
« permis de guérir dans les jours de sabbat?

« Et il leur dit : Qui est celui d'entre vous qui ayant
« une brebis, si elle tombe au jour du sabbat dans une
« fosse, ne la prenne et ne l'en retire?

« Et combien un homme ne vaut-il pas mieux qu'une
« brebis? Il est donc permis de faire du bien dans les jours
« de sabbat.

« Alors il dit à cet homme : Étends ta main; et il l'é-
« tendit, et elle devint saine comme l'autre.

« Là-dessus les pharisiens étant sortis délibérèrent entre
« eux comment ils le feraient périr. » (Saint Matth., c. xii.)

Outre le sabbat, les Juifs célébraient le premier jour de
chaque mois, et les trois fêtes solennelles, la Pâque, la
Pentecôte et la fête des Tabernacles, instituées en mémoire des trois plus grandes grâces qu'ils avaient reçues
de Dieu : la sortie d'Égypte, la publication de la loi, l'é-
tablissement dans la terre promise après le voyage dans le
désert où ils avaient si longtemps campé sous des tentes.

Tous les hommes étaient obligés de se trouver à Jérusalem aux grandes solennités de Pâques, de la Pentecôte
et des Tabernacles; l'affluence était donc immense; ces
fêtes se célébraient avec un enthousiasme extraordinaire,
on s'y rendait en grandes troupes en chantant et en jouant
des instruments; le plus grand malheur qui pût arriver
à un homme était de ne pouvoir y assister, comme l'attes-
tent les plaintes magnifiques que David adressait à Dieu
dans son exil. (Psaume xlii.)

Les solennités des Juifs, comme on le voit, n'étaient pas
nombreuses : celles du polythéisme pouvaient suffire à dé-
frayer le calendrier. Outre les fêtes des dieux, qui se chô-
maient par centaines, les Grecs célébraient tous les événe-
ments glorieux pour la république. Aujourd'hui c'était
l'union des peuples de l'Attique par Thésée, demain le re-
tour de ce prince dans ses États ou sa victoire sur les
Amazones; une autre fois c'était le tour de l'abolition des
dettes; puis venaient les anniversaires des batailles de Marathon, de Salamine, de Platée, de Naxos. Ajoutez à cela
les grandes solennités qu'on célébrait à des époques plus
ou moins éloignées, les jeux olympiques, pythiens, né-
méens, isthmiques, qui duraient des semaines, des mois
entiers, et jugez du temps qui restait à ces peuples pour
les travaux utiles et les occupations domestiques.

Il est vrai que nulle loi civile ou religieuse ne prescrivait
rigoureusement l'observation du culte établi; la Fable rapporte bien que les filles d'un citoyen de Thèbes, nommé
Minée, ayant donné au travail le temps consacré aux fêtes
de Bacchus, furent changées par le dieu en chauves-souris,
mais il ne paraît pas que cet exemple ait beaucoup effrayé
leurs compatriotes; il suffisait, pour n'avoir rien à craindre
du ciel ni des hommes, de paraître persuadé de l'existence
des dieux, de faire par intervalles quelques actes de religion, d'entrer de loin en loin dans les temples, et de déposer quelques dons de peu de valeur sur les autels publics. (Barthel., Voyage du jeune Anach.)

Si nous observons que les Juifs se bornaient à honorer
l'Éternel par des cantiques, des prières, des sacrifices,
combien le culte mosaïque doit nous sembler simple, sévère et moral auprès du bruit, du tumulte, du désordre qui
accompagnaient toujours les grandes cérémonies religieuses du polythéisme antique. Les fêtes des païens étaient
toujours mêlées de réjouissances profanes. Les jeux publics, les déclamations du théâtre, les courses de l'hippo-
drome faisaient en quelque sorte partie de leur religion :
ils semblaient se réunir moins pour rendre hommage aux
dieux que pour décerner pompeusement le prix de la tra-
gédie ou de la lutte.

Encore si les profanations, les débauches, les impuretés
qui se commettaient hors des temples avaient été condam-
nées par la théologie païenne, on pourrait tout au plus accuser le polythéisme de n'avoir pas exercé sur les peuples
une influence assez puissante pour les préserver des excès
dont les jours de fêtes étaient l'occasion; mais que dire
d'une religion qui faisait une loi de ces excès mêmes, et
qui les imposait à ses adeptes comme des actes agréables
à la divinité?

Ainsi, à Athènes, pendant les Dionysies, ou fêtes de
Bacchus, les femmes et les filles des meilleures familles,
rendues furieuses par l'ivresse, parcouraient la ville à
moitié nues, en poussant des cris frénétiques et en frappant les passants à coups de branches de pin. (Antiq. grecq.)

Dans l'île de Chypre, les Aphrodysies donnaient lieu aux
désordres les plus repoussants; la déesse portait le nom significatif de Vénus πόρνη, et les initiés étaient tenus de
déposer en offrande une pièce d'argent sur son autel.

Corinthe avait trouvé moyen de renchérir sur ce scandale : pendant les fêtes de Vénus, les prostituées remplis-
saient publiquement les fonctions de prêtresses.

Quand le culte n'était pas honteux, il était cruel et san-
guinaire. Ainsi, à Sparte, pendant la fête de Diane Orthia,
on fouettait des enfants sur l'autel. La prêtresse assistait
à ces exécutions, tenant dans ses mains une petite image
en bois de la déesse. Voyait-elle l'exécuteur, cédant à un
mouvement de compassion, ralentir un instant les coups,
elle s'écriait, pour le rappeler à son devoir, que la déesse
devenait pesante à supporter; aussitôt les coups redou-
blaient, et l'attention des spectateurs se ranimait de nouveau. Exaltés par un zèle sombre et fanatique, les parents
de ces innocentes victimes ne cessaient de les encourager,
et leur recommandaient de ne laisser échapper aucune
plainte. On n'entendait en effet aucun cri, aucun soupir,
et cependant le sang coulait presque toujours; quelquefois
même la mort suivait ces cruels traitements. Les corps de
ces martyrs étaient brûlés avec les honneurs réservés aux
vainqueurs; leur tête était parée de guirlandes, et on leur
accordait des funérailles publiques. (Antiq. grecq., t. II.)

Le monde romain, qui s'attachait à copier servilement la Grèce, avait imité ces impudicités et ces horreurs ; aussi, dans les premiers temps, les païens, qui ne comprenaient pas une religion décente et morale, s'obstinaient-ils à nier la pureté de la doctrine du christianisme, et l'innocence de ses rites. De là venaient ces odieuses accusations portées au pied du trône impérial par les ennemis de la religion nouvelle ; de là venait ce profond étonnement manifesté par Pline le Jeune, proconsul de Bithynie, dans la lettre qu'il écrivit à l'empereur Trajan pour lui rendre compte des interrogatoires qu'il avait fait subir à quelques chrétiens . « Ces hommes, dit-il, assuraient que toute leur erreur ou leur faute avait été renfermée dans ces points : qu'à un jour marqué ils s'assemblaient avant le lever du soleil, et chantaient tour à tour des vers à la louange du Christ comme s'il eût été Dieu ; qu'ils s'engageaient par serment, non à quelque crime, mais à ne point commettre le vol ni l'adultère, à ne point manquer à leur promesse, à ne point nier un dépôt ; qu'après cela ils avaient coutume de se séparer, et ensuite de se rassembler pour manger en commun des mets innocents. » (*Epist. Plin. jun.*)

Telle était en effet la simplicité du culte à l'origine du christianisme. Le premier jour de chaque semaine, et non plus le dernier comme les Juifs, les chrétiens se réunissaient dans la maison d'un frère, dans une carrière abandonnée, ou dans quelque caverne ignorée, au fond des bois,

et là ils chantaient, ils priaient en commun ; puis le plus vieux d'entre eux prenait la parole ; il leur parlait familièrement comme un père à ses enfants, comme un maître à ses disciples ; c'est pour cela que les discours de ces saints vieillards se nommaient en grec homélies, et en latin sermons, c'est-à-dire entretiens familiers. Ils cherchaient à instruire en expliquant l'Écriture, non par des remarques critiques et des recherches curieuses, comme les grammairiens expliquaient Homère et Virgile dans les écoles, mais par les lumières d'une foi ardente et par la tradition des apôtres ; c'est au moyen de ces simples et touchantes allocutions qu'ils encourageaient les âmes chancelantes à braver la persécution et à persévérer dans la foi. (Fleury, *Mœurs des Israélites.*)

Depuis, le christianisme a triomphé, ses cérémonies se sont multipliées, ses rites ont pris plus de pompe et de grandeur, mais sa morale n'a pas varié, sa doctrine est la même encore aujourd'hui que du temps des apôtres. Jusqu'à la fin de cette religion éternelle, c'est-à-dire jusqu'à la fin des temps, jusqu'à la consommation des siècles, le jour du Seigneur, qui n'est plus le jour du repos de l'Éternel, mais celui de la résurrection de Jésus-Christ, sera réputé le jour saint entre tous les autres, et dès que l'aurore viendra l'annoncer au monde, un concert universel d'actions de grâces portera jusqu'aux pieds du Très-Haut le tribut de la reconnaissance et de l'amour des nations.

Honora patrem tuum
et matrem tuam.

Honore ton père
et ta mère.

Honour thy father
and thy mother.

Ehre deinen Vater
und deine Mütter.

Honra tu padre y
tu madre

IV.

HONORE TON PÈRE ET TA MÈRE.

Au milieu des vastes plaines de la Mésopotamie, plus tard, au versant des montagnes de la Judée, dans ces vallons fertiles arrosés par le Jourdain, ombragés par des bois d'oliviers, de platanes et de sycomores, s'élèvent des tentes construites avec les palmiers gigantesques du Carmel et du Liban. A l'entour, paissent d'innombrables troupeaux de bœufs, de chameaux, de brebis et de chèvres. Les hommes les conduisent, les femmes puisent de l'eau aux citernes, filent la laine des toisons et préparent le frugal repas de leurs maris et de leurs fils. Un vieillard dirige tout ce mouvement et ce travail; c'est lui qui fait succéder le repos à la fatigue et la prière au sommeil; devant lui tout différend s'apaise, toute révolte tombe, car c'est le seul maître, le seul pontife, le seul juge; c'est le patriarche, c'est le père de famille. Il enseigne Dieu à ses enfants et à ses serviteurs, et, en échange, il reçoit d'eux respect, amour et obéissance. Quelqu'un des enfants vient-il à oublier ces devoirs sacrés, la malédiction du père s'appesantit sur sa tête, malédiction terrible, car Dieu la confirmera. Le premier homme qu'elle atteint est Cham, fils de Noé : fils impie, il n'a pas craint de révéler à ses frères la faiblesse de leur père; l'esclavage de toute sa race devient la punition de son crime.

Plus tard, lorsque après la fuite miraculeuse, Dieu juge à propos de substituer la loi écrite à la tradition, le culte des parents est inscrit sur les tables de granit, et les prophètes, qui, sous l'inspiration de Dieu, développent ses commandements et les enseignent au peuple, vont féconder celui-ci par leur parole. Le Lévitique, le Deutéronome et surtout les Proverbes contiennent de magnifiques passages sur les devoirs des fils envers leurs parents. Le second chapitre de l'Ecclésiastique est à lui seul un commentaire complet du quatrième précepte, un code entier de la piété filiale :

« Ecoutez, enfants, dit le Sage, les avis de votre père, et
« suivez-les de telle sorte que vous soyez sauvés;

« Car Dieu a rendu le père vénérable aux enfants, et il
« a affermi sur eux l'autorité de la mère.

« Celui qui honore sa mère est comme celui qui amasse
« un trésor.

« Celui qui craint le Seigneur honorera son père et sa
« mère, et il servira comme ses maîtres ceux qui lui ont
« donné la vie.

« Ne vous glorifiez point de ce qui déshonore votre père,
« car sa honte n'est pas votre gloire.

« Si son esprit s'affaiblit, supportez-le, et ne le méprisez
« pas à cause de l'avantage que vous avez sur lui; car la
« charité dont vous aurez usé envers votre père ne sera
« pas mise en oubli.

« Dieu vous récompensera aussi pour avoir supporté les
« défauts de votre mère; il vous établira dans sa justice.

« Il se souviendra de vous au jour de l'affliction, et vos
« péchés se fondront comme la glace dans un jour serein. »

Enfin, lorsque le Sauveur du monde vient enseigner aux hommes une morale plus parfaite, une doctrine plus épurée, il confirme par sa parole le quatrième précepte de la loi mosaïque (Matth. c. xix, v. 19.), et le consacre par l'exemple de son amour et de sa soumission, non-seulement envers celui qui l'a envoyé sur cette terre de souffrances, mais aussi envers ces pauvres artisans, ses parents en ce monde, les représentants visibles de son divin Père.

Ainsi tour à tour guidé par Dieu lui-même et par les prophètes, qu'il inspirait de son souffle, le peuple juif devait plus profondément que tout autre comprendre l'excellence du précepte et le lien qui le rattache à l'adoration de Dieu.

Toutefois, proclamons-le à la gloire de l'humanité, les devoirs envers les parents ne sont pas l'apanage d'un seul peuple, ils réunissent tous les hommes dans une pieuse unanimité. Des dix préceptes contenus dans le Décalogue, celui-ci est peut-être le seul que tous les cœurs soient disposés à accepter sans contestation et sans réserve. Il n'est pas rare de rencontrer des esprits obstinément aveugles qui refusent d'abaisser leur orgueil devant la toute-puissance de Dieu : il en est qui ne savent pas résister aux obsessions des passions mauvaises; l'envie et la luxure envahissent leur cœur; le bien d'autrui sera leur proie, la femme du voisin leur victime. La cupidité ou la crainte entraînera celui-ci dans un faux témoignage; cet autre enfin, égaré par la colère ou altéré de vengeance, ne reculera pas devant l'homicide : et tous, n'en doutez pas, sauront trouver des sophismes pour excuser leurs crimes. Mais, hâtons-nous de le dire, l'homme n'a pas encore été assez ingénieux pour colorer d'un semblant d'excuse les manquements envers les auteurs de ses jours. Le mauvais fils a toujours été un objet d'horreur et de mépris, et dans tous les codes, chez tous les peuples, le culte des parents a été pratiqué comme un devoir sacré. Cependant, il s'en faut que l'on retrouve dans les autres législations antiques, cette délicatesse de sentiments qui respire dans la législation hébraïque. Étrangers aux bienfaits de la révélation, ignorants du dogme épuré de l'unité de Dieu et du culte qui lui est dû, les peuples païens n'ont pu comprendre dans toutes ses perfections le culte des parents, qui n'est que la conséquence et le reflet de celui que l'on rend à l'Auteur de l'univers. Il y a là une relation, une correspondance de sentiments faciles à saisir dans l'histoire des peuples et de leurs religions. Voyez, au dernier degré de l'échelle de l'humanité, cette race aux instincts grossiers et stupides ; chez elle, comme chez la brute, l'individu cède à cette impulsion machinale et secrète qui l'entraîne vers son auteur ; mais il lui manque la religion, nécessaire pour élever et spiritualiser cet instinct. Le sentiment le plus pur peut-être qui soit dans le cœur de l'homme est transformé par l'aberration la plus étrange en une horrible coutume ; et l'on voit les Hottentots tuer leurs pères pour leur épargner, disent-ils, les infirmités de la vieillesse.

Détournons les yeux de cet affreux tableau, cherchons les traces de l'amour filial dans les sociétés profanes chez lesquelles le dogme d'un Dieu unique, bien qu'enveloppé de mystères et de voiles, semble avoir été le mieux compris et pratiqué. Les premières qui s'offrent à nous sont les sociétés égyptienne, indienne et chinoise. « Honore tes parents, » disent les lois égyptiennes ; et les mœurs viennent confirmer l'autorité du précepte. L'embaumement des corps, la pompe des funérailles, la magnificence des sépultures, témoignent de l'amour religieux que les Égyptiens portaient aux auteurs de leurs jours. Si la loi qui permettait de mettre en gage la momie de son père paraît immorale, remarquons qu'une des dispositions de cette loi notait d'infamie le fils qui aurait laissé ces reliques sacrées aux mains de son créancier. Cette vénération qui, chez les Égyptiens, accompagnait les parents au delà du tombeau et se transmettait comme un legs pieux de génération en génération, est encore exprimée d'une manière énergique et touchante par l'usage où ils étaient de faire apporter dans leurs repas les images en bois peint de leurs ancêtres. Doute-t-on que la présence de ces silencieux convives ne dût être de tous les freins imposés aux excès et aux mauvaises passions, de tous les encouragements offerts à la piété et à la sagesse, le plus éloquent et le plus efficace ?

Le culte des parents n'a pas régné avec moins d'autorité dans les sociétés et les religions de l'Inde. Au Thibet, au Japon, dans l'Asie centrale, brahmistes et bouddhistes le pratiquent également. En Perse, la doctrine de Zoroastre pose la sanction à côté du précepte en frappant de mort celui qui a désobéi trois fois à son père. — « En Chine, dit Montesquieu, les enfants regardent leurs pères comme des dieux ; ils les respectent comme tels dès cette vie, et ils les honorent après leur mort par des sacrifices dans lesquels ils croient que les âmes, anéanties dans le Tyen, reprennent une nouvelle vie. » Lorsque les parents meurent, tout emploi public est interdit aux enfants. Koung-Fou, le régénérateur de la philosophie chinoise, ayant perdu sa mère, se renferme pendant trois ans dans sa maison pour la pleurer, et pendant ces trois années compose sur la piété filiale un livre sublime (*Hiao-King*) qu'il lègue en mourant à son disciple Thseng-Tseu.

Dans d'autres temps et sous d'autres cieux, le même sentiment avait inspiré les Scythes. On dit qu'assaillis par les forces innombrables de Darius, roi de Perse, comme ils reculaient sans cesse et s'enfonçaient de plus en plus dans leurs déserts, celui-ci leur fit demander ironiquement quand ils finiraient de fuir ou quand ils commenceraient de combattre : « Nous n'avons, répondirent les Scythes, ni villes ni campagnes à défendre ; mais quand vous serez venus à l'endroit où sont les tombeaux de nos pères, vous saurez comment les Scythes combattent. »

La nature avait tout fait pour les sociétés grecque et romaine ; l'esprit de Dieu leur a manqué. Privé de ce souffle fécondant qui a inspiré la législation hébraïque, le principe de la piété filiale n'y apparaît souvent qu'altéré par de froides restrictions ou dénaturé par des sentiments étrangers. Dans presque toute la Grèce il ne se traduit d'abord que par l'obéissance. Peu ou point de tendresse, d'épanchement du père envers le fils, du fils envers le père. Pouvait-il en être autrement dans ces républiques où les parents vouaient à la mort les enfants dont la difformité ou la pauvreté de leur famille était le seul crime, où d'ailleurs l'éducation domestique de ceux qui échappaient à cette proscription n'était qu'un court noviciat à une vie commune qui épuisait les richesses du cœur en les disséminant, et immolait l'amour de la famille au fanatisme de la patrie ? A Sarte, la plus rigide de toutes ces républiques, les relations des pères et des enfants n'étaient qu'un lien banal et secondaire ; mais le sentiment naturel, comprimé d'une manière absolue à Lacédémone, devait se faire jour dans les autres parties de la civilisation grecque. Pittacus de Mitylène, Pythagore de Samos et ses disciples Charondas et Zaleucus, les législateurs de la Grèce-Italique, ordonnent de respecter et d'honorer les parents. Le même principe est enseigné par l'école de Socrate ; les ouvrages du *divin* Platon contiennent sur la piété filiale de nombreux préceptes que l'on croirait extraits des saintes Écritures. Son rival en génie, le précepteur d'Alexandre, donne à son disciple des leçons de piété filiale qu'à peine âgé de dix-sept ans, il met en pratique d'une façon éclatante en sauvant les jours de son père au péril des siens propres. Avant lui, un grand citoyen qui fut aussi un grand capitaine, le fils du vainqueur de Marathon, avait payé de sa liberté les funérailles de son père, « plus illustre encore, observe Valère-Maxime, par sa prison que par ses triomphes. » C'était encore un fils pieux que cet Épaminondas, le héros le plus parfait peut-être qu'ait produit la Grèce antique : « Ce qui me rend le plus heureux, disait-il après sa victoire de Leuctres, c'est que les auteurs de mes jours vivent encore et qu'ils jouiront de ma gloire. » (Plut. *in Coriol.*) A Athènes, l'amour filial avait été érigé en principe par le sage législateur Solon, mais avec une sécheresse bien éloignée des douces exhortations de la loi hébraïque : « Que l'enfant qui néglige d'ensevelir son père, que celui qui ne le défend pas, meure. » (Plut. *in Sol.*)

Nous chercherions en vain dans l'histoire ou la mythologie païenne un exemple de résignation et d'amour qui puisse être mis en parallèle avec ceux que l'on rencontre si souvent dans l'Écriture. Pour ne faire qu'un seul rapprochement, quelle différence entre ces deux femmes, dont la destinée est la même, entre la fille d'Agamemnon, à laquelle Euripide a prêté toute la sensibilité de son cœur, toute la grâce de sa poésie, et la fille de Jephté, dont le simple récit de la Bible nous a transmis le dévouement. Voyez celle-ci, elle ne se désole pas, elle n'implore pas comme Iphigénie, elle ne s'écrie pas dans l'égarement de sa douleur : « L'auteur de mes jours m'abandonne et me trahit... Un père dénaturé enfonce le couteau dans mon sein ! » (Act. V, sc. iv.) Loin de là, la ferveur du sentiment filial l'anime et l'exalte, elle est heureuse de se sacrifier pour son père ; elle jette, il est vrai, un regard de regret vers cette vie qu'elle va abandonner sans avoir connu les joies de l'épouse et de la mère, mais comme l'Iphigénie chrétienne de Racine, elle puise dans son amour une résignation et un courage surnaturels.

Ainsi fait le Sauveur du monde, lorsque seul au Jardin des Olives, *l'âme triste jusqu'à la mort*, le front inondé d'une sueur de sang, il fait à son père l'oblation de ses souffrances et s'écrie :

« Mon père, s'il n'est pas possible que cette coupe passe « loin de moi sans que je la boive, que votre volonté soit « faite. » (Matth. c. xxvi.)

A Rome, comme en Grèce, dans les rapports des enfants aux pères, le sentiment de l'obéissance domine à l'exclusion de tous les autres. Qu'importe aux descendants de Romulus les affections de famille, les épanchements du cœur, les douces émotions du foyer domestique ? Ce qu'ils demandent à leurs fils, c'est l'obéissance et la discipline. Aussi leur pouvoir est absolu. Ils sont maîtres de la personne de leurs enfants, des enfants de ceux-ci, de leur travail et de leur vie. Investis du pouvoir de les tuer à leur berceau s'ils sont nés difformes, ils peuvent encore, à toutes les époques de leur vie, leur infliger les peines les plus sévères, même celle de la mort, en les jugeant dans une assemblée composée d'amis et de parents. (Ortolan, *Hist. du dr. rom.*) Le sentiment naturel, bien que privé de cette touchante naïveté que l'on trouve chez d'autres peuples, est loin cependant d'être éteint chez les Romains. Le vainqueur des Volsques, inflexible pour tous, excepté pour sa mère ; le fils de Manlius Torquatus forçant, l'épée à la main, l'accusateur de son père à se désister de son action ; Scipion l'Africain s'illustrant sur les rives du Tésin par un dévouement qui rappelle celui d'Alexandre ; Flaminius, le fougueux tribun, descendant des rostres à la voix de son père ; la vestale Claudia protégeant le triomphe du sien ; la piété filiale des soixante membres de la famille des Éliens, enfin l'exaltation de cette vertu, dans la personne du père de la race romaine, par le plus grand poète qu'elle ait produit, sont des traits qu'une nation peut revendiquer avec gloire. Chose remarquable ! ces exemples que nous venons de citer datent tous des premiers temps de la république. Nous en demanderions vainement aux esclaves corrompus de la tyrannie impériale : c'est que les vertus comme les vices se donnent la main ; les mauvais fils sont lâches : voyez le parricide Néron ! La piété filiale, au contraire, puise dans le péril la force, l'adresse, l'éloquence, le génie. Ici c'est un muet qui par un effort surnaturel recouvre la parole pour sauver son père ; là une fille, trompant la surveillance des geôliers, nourrit de son lait sa mère condamnée à mourir de faim par la barbarie des triumvirs. C'est encore la piété filiale qui donne la force à Cléobis et Biton, les frères d'Argos, à Amphinomus et Œnopus, les frères siciliens ; c'est elle qui, à une sanglante et terrible époque de notre histoire, éleva au-dessus de l'humanité ces deux filles héroïques, mademoiselle Cazotte et mademoiselle de Sombreuil.

Chez les Hébreux, la loi prononçait contre les mauvais fils des châtiments terribles :

« Celui qui aura frappé son père ou sa mère, dit l'Exode, « sera puni de mort. (C. xxi, v. 15.)

« Celui qui aura maudit son père ou sa mère, sera puni « de mort. (C. xxi, v. 17.)

« Si un homme a un fils rebelle et insolent qui ne se rende « au commandement ni de son père ni de sa mère, et qui, « en ayant été repris, refuse avec mépris de leur obéir,

« Ils le prendront et le mèneront aux anciens de la ville « et à la porte où se rendent les jugements ;

« Et ils leur diront : « Voici, notre fils est un rebelle et « un insolent ; il méprise et refuse d'écouter nos remon« trances, et il passe sa vie dans les débauches, la dissolu« tion et dans la bonne chère. »

« Et alors le peuple de cette ville le lapidera, et il sera « puni de mort. (Deutér. c. xxi.)

« Que l'œil qui insulte à son père et qui méprise l'en« fantement de sa mère soit arraché par les corbeaux des « torrents et dévoré par les petits de l'aigle. » (Prov. c. xxx, v. 17.)

On voit par ces citations que la peine ne frappait pas seulement le parricide, mais qu'elle atteignait aussi celui qui manquait à un des devoirs de la piété filiale. Il en était ainsi chez plusieurs autres peuples, notamment chez les Égyptiens, les Athéniens, les Perses, les Romains. Suivant une loi attribuée à Romulus, les enfants qui avaient frappé leurs parents étaient dévoués aux dieux infernaux et chacun pouvait les tuer impunément. Quant au parricide, toutes les sociétés civilisées s'accordent à le regarder comme un acte monstrueux, et plusieurs législateurs cherchèrent des supplices nouveaux dont l'horreur répondît à l'énormité du forfait. Sans parler des parricides Oreste et Œdipe, ces deux maudits marqués du sceau de la fatalité antique, et pour ne citer que les quatre peuples que nous venons de nommer, nous rappellerons que les Égyptiens punissaient les parricides des tortures et du bûcher. A Rome, la loi des Douze Tables avait édicté contre eux des peines horribles qui, confirmées par les lois de Pompée et de Sylla, étaient encore appliquées du temps de Justinien.

A Athènes, on ne connaissait pas de peine contre le parricide : le législateur avait pensé qu'un pareil crime ne pouvait exister que dans l'imagination des hommes, et que le frapper d'une peine, c'était en faire concevoir la possibilité et peut-être en suggérer la pensée.

Un sentiment analogue avait inspiré le législateur persan, qui, regardant comme contraire à l'ordre de la nature qu'un fils tuât son père, réputait enfant supposé celui qui était convaincu d'avoir commis ce crime.

Sous l'ancienne législation française, on condamnait ordinairement le parricide à avoir le poing coupé, à être ensuite rompu vif et jeté à l'eau. Le code pénal de 1810, en substituant à ces dispositions la peine de mort, précédée également de l'amputation du poing, qu'une loi récente vient d'abolir, a voulu que le supplice fût accompagné d'un appareil funèbre, signe de l'énormité du crime qui avait été commis : « Le coupable est conduit au lieu de l'exécution, en chemise, nu-pieds, et la tête couverte d'un voile noir qui lui dérobe la vue du jour dont son forfait l'a rendu indigne. »

Mais le législateur moderne a compris qu'il valait mieux encore prévenir que réprimer. Aussi, tout économe qu'il est de principes de morale, il n'a pu s'empêcher de donner place dans son œuvre au précepte de Moïse :

« A tout âge, est-il dit, l'enfant doit respect et honneur à ses père et mère. » (Cod. civ. art. 371.)

Mais que peut un précepte philosophique lorsque les lois religieuses ont peine à conserver leur empire? Jetons les yeux autour de nous. Né du conflit de tant de doctrines diverses, fils de ce scepticisme qui ronge au cœur les sociétés modernes, l'égoïsme s'est partout substitué au dévouement et à l'amour. Les liens de famille se relâchent, les traditions du respect filial s'écroulent et se dispersent : sur leurs ruines triomphe l'orgueil, qui ne prétend relever que de lui-même, et qui enveloppe dans le même mépris l'autorité de Dieu et celle du père. Spectacle triste et honteux! « Rougis, homme orgueilleux, pouvons-nous dire avec saint Bernard; Dieu vient lui-même se soumettre aux hommes, et toi, dans ta soif de domination, tu refuses d'incliner la tête devant l'auteur de tes jours ! » — Ne désespérons pas cependant, le monde est fatigué de ses erreurs. Épuisée par de vaines imaginations, l'humanité commence à sentir avec son impuissance le besoin de se revivifier au flambeau de la foi. Cette régénération arrivée, et le moment n'en est pas loin, le culte du vrai Dieu et le culte de la famille ressaisiront leur empire, et les sociétés verront briller de nouveau ces deux faces de la vérité une et éternelle, qu'un souffle impur peut ternir en passant, mais jamais altérer.

Non occides.
Tu ne tueras point.
Thou shalt not murder.
Du sollst nicht tödten.
No mataras.

V.

TU NE TUERAS PAS.

Dans quelques contrées de l'Inde, dans ces immenses vergers où la terre produit sans culture les fruits les plus variés et les plus savoureux, sous un ciel éblouissant, au milieu des tièdes senteurs d'une nature embaumée, l'homme, plongé dans une molle langueur, énervé par toutes les jouissances des sens, sans désirs, presque sans besoins, peut se contenter, pour soutenir pendant de longues années une vie si douce, si facile, des trésors dont les champs et les bois se parent autour de lui, et qui éclosent pour ainsi dire sous sa main. Il n'est donc pas étonnant que les habitants de ces régions fortunées repoussent comme un aliment trop grossier pour leur délicatesse la chair des animaux; et leurs législateurs ont pu obtenir, sans grands efforts, que des mets souillés de sang fussent bannis de leurs festins. Mais cette prohibition, toute naturelle sur les rives de l'Indus et du Gange, ne pouvait être prononcée sans inconvénient dans des pays moins favorisés, où la nature donne moins à l'homme, et exige plus de lui. Aussi, tous ceux qui ont voulu établir sous d'autres cieux les règlements somptuaires de l'Inde, n'ont pu réussir qu'à s'entourer de quelques rares disciples, et les populations ont toujours refusé à leur doctrine la soumission qui fait la force et l'autorité des lois. Tel fut le sort des préceptes de Pythagore. La philosophie de ce sage, empruntée presque tout entière aux brachmanes et aux gymnosophistes, ne resta guère chez les Grecs qu'à l'état de spéculation, et fut toujours considérée comme une importation étrangère peu en harmonie avec les goûts, les mœurs, les besoins des peuples auxquels on prétendait l'imposer.

Cette philosophie pourtant, en raison même de l'austérité apparente de sa morale, et parce qu'elle semblait, par le mépris des appétits sensuels, élever l'homme au-dessus de lui-même, séduisit, dans les premiers temps du christianisme, quelques esprits ascétiques; et l'on vit plusieurs sectes dissidentes, les manichéens entre autres, au rapport de saint Augustin (*lib. de Hæresibus, hæresis* 47), interdire, comme Pythagore, le meurtre des animaux, en attribuant à cette interdiction l'autorité d'un peuple divin.

Il est certain que si l'on s'en tient à la lettre de la loi, la prohibition est entière et absolue : mais l'ensemble de l'Écriture montre jusqu'à l'évidence que cette prohibition souffre des exceptions nombreuses et nécessaires. Nous lisons, en effet, qu'après le déluge, lorsque toutes les productions de la terre eurent été viciées et altérées dans leur germe par le séjour prolongé des eaux, Dieu, reconnaissant que les végétaux ne pouvaient plus fournir à l'homme une nourriture assez substantielle, l'autorisa à tuer les animaux et à se nourrir de leur chair.

« Dieu bénit Noé et son fils, et leur dit : Croissez et « multipliez, et remplissez la terre.

« Et que toutes les bêtes de la terre, tous les oiseaux des « cieux, avec tout ce qui se meut sur la terre et tous les « poissons de la mer, vous craignent et vous redoutent; ils « sont remis entre vos mains.

« Tout ce qui se meut et qui a vie vous sera pour nourri« ture; je vous ai donné toutes ces choses comme l'herbe « des champs. » (Genèse, c. IX.)

Le sixième précepte du Décalogue ne s'applique donc qu'au meurtre de l'homme par son semblable : c'est l'homicide que Dieu a voulu défendre, l'homicide, dont Caïn avait donné l'exemple, et qui, avec l'idolâtrie, figure au premier rang des causes qui *firent repentir Dieu d'avoir créé l'homme*. L'homicide, en effet, est le plus effroyable des crimes, parce qu'il n'est donné à personne d'en conjurer les effets. Un vol peut être restitué, un édifice incendié peut être reconstruit, un blasphème peut être expié par la pénitence, mais le meurtrier peut-il réparer le mal qu'il a fait? Son repentir, ses sanglots, ses cris de douleur rappelleront-ils la vie que sa fureur a éteinte? Ses larmes réchaufferont-elles ce cadavre glacé qui gît sur la terre? Le fruit de son labeur, sa fortune entière, rendront-ils un époux à la veuve de sa victime, un père à ses enfants orphelins?

C'est cette impossibilité absolue de réparer le meurtre qui fait de ce crime l'objet d'une réprobation si profonde, si universelle. Voyez cet homme qui erre à l'aventure dans l'épaisseur des forêts, à travers les campagnes désertes, sur les sommets arides des montagnes. Un feu sombre brille dans ses yeux égarés, une sinistre pâleur décolore ses joues, sa barbe souillée tombe en désordre sur sa poitrine; il va, il marche, il court, agité par d'incessantes frayeurs; ses semblables fuient à son approche et l'accablent de loin de leurs malédictions. Qu'il pénètre en suppliant dans les lieux habités, aussitôt l'hospitalité est oubliée, toutes les portes se ferment devant lui, et si une main invisible lui jette, par un reste de pitié, quelques débris d'aliments, après son départ, on purifie le lieu où il s'est arrêté et on brise le vase dont il s'est servi. Cet homme, c'est Caïn, c'est Œdipe, c'est le meurtrier qui, condamné à fuir sa patrie, sa famille, son toit domestique, passe à travers les nations, toujours poursuivi par ses remords, comme la proie blessée par le chasseur, qui emporte dans son flanc le trait qui le déchire.

L'idée seule de la mort, et surtout de la mort violente, blesse si cruellement la sensibilité naturelle à l'homme, que des fictions données et acceptées pour telles l'émeuvent et le remuent jusque dans les entrailles. Une multitude de peuple, hommes, femmes, enfants, sont réunis dans un théâtre : un acteur paraît, tous les assistants le connaissent ; ils le rencontrent chaque jour dans les rues, sur les places publiques, à la promenade ; ils pourraient le nommer par son nom, mais cet acteur a revêtu des habits étrangers, il a pris un nom étranger, il raconte les malheurs d'un étranger : il est fugitif, proscrit, on le plaint, on pleure avec lui ; tout à coup, il disparaît derrière le théâtre, et un autre acteur vient annoncer sa mort ; alors la terreur s'empare de l'assemblée, chacun se lève lentement et se retire en silence, comme si le personnage qu'on vient de voir sur la scène avait été réellement égorgé. Il y a cependant dans l'histoire de l'humanité des siècles où les fictions sont impuissantes à émouvoir le cœur des hommes. Horace, à l'imitation des critiques grecs, avait dit :

« Neu populo coram pueros Medea trucidet. »

Bientôt cependant le théâtre romain devait donner à l'humanité un spectacle bien plus saisissant, bien plus terrible. Le cirque est ouvert, les maîtres du monde s'y précipitent couronnés de fleurs et parés d'habits éclatants. Entouré des sénateurs et des patriciens, l'empereur préside à la fête ; les matrones, les jeunes vierges se pressent sur les gradins, les vestales occupent des stalles d'honneur ; tout à coup les trompettes éclatent, les barrières se lèvent, et de chaque côté de l'arène s'avance une troupe de gladiateurs, pauvres esclaves arrachés aux champs de leur patrie, au foyer de leurs dieux domestiques, pour venir des extrémités du monde amuser par le spectacle de leur mort le peuple roi qui s'ennuie. César fait un signe, et les deux troupes fondent l'une sur l'autre ; les glaives se choquent, le sang coule, l'arène se couvre de cadavres. Est-ce assez ? Non, le peuple n'est pas content, il murmure, il s'agite... les mourants ont oublié de saluer César et de tomber avec grâce.

Heureusement pour l'humanité, une semblable dépravation ne se remarque que dans ces siècles honteux où les sociétés se dissolvent et s'écroulent. La férocité des mœurs, qui épouvante dans les temps de barbarie, paraît plus hideuse encore aux époques où la civilisation a atteint ses dernières limites, parce qu'elle n'est alors qu'un remède héroïque pour éveiller quelque sensation dans des cœurs blasés par toutes les recherches du luxe, par tous les raffinements du vice et des jouissances sensuelles.

Les hommes qui restent sourds au cri du sang se rava-

lent au-dessous même des animaux, car les animaux partagent l'horreur indéfinissable que nous cause le meurtre d'un de nos semblables. A l'aspect d'un cadavre humain, le cheval s'arrête au milieu de sa course, ses crins se hérissent, un tremblement convulsif agite tous ses membres ; le chien, ce fidèle gardien de nos foyers, épouvante le voisinage de ses hurlements funèbres, tant l'instinct de tout être vivant répugne à la destruction de l'homme, ce roi de la création, formé à l'image de Dieu.

La terreur que nous éprouvons en présence d'un cadavre s'attache même au lieu où un homicide a été commis. Nous nous écartons de ce lieu maudit, de cette *voie scélérate*, comme disaient les Romains, et si nous ne pouvons l'éviter, nous hâtons le pas en regardant avec effroi autour de nous, comme si nous nous attendions à voir sortir des entrailles de la terre l'ombre sanglante de la victime. L'antiquité païenne vouait aux dieux infernaux le champ qui avait été souillé de sang humain ; la religion chrétienne le consacre au Dieu du pardon : un rustique calvaire le désigne de loin aux regards du voyageur comme pour l'inviter à implorer la miséricorde divine pour celui qui est mort sans avoir eu le temps de se repentir de ses fautes.

Il est pourtant une espèce d'homicide qui, loin de nous paraître criminelle, semble nous solliciter avec une puissance irrésistible : nous voulons parler de la guerre. La guerre ! à peine ce mot terrible a-t-il été prononcé, que les peuples s'ébranlent et se précipitent les uns sur les autres en poussant des cris de mort. Des hommes qui ne se connaissent pas, qui ne se sont jamais vus, s'égorgent froidement, sans animosité, sans colère, sans remords. Celui-là seul est voué à la honte qui, le carnage fini, ne peut montrer à sa femme, à ses enfants, à son vieux père, une épée tachée de sang, des mains souillées par le meurtre. A défaut d'autres preuves, lors même que l'Écriture ne nous fournirait pas cent exemples de guerres entreprises par l'ordre même de Dieu, il faudrait reconnaître que l'homicide accompli sur les champs de bataille n'est pas un crime proscrit par la loi divine, puisque le cœur de l'homme naturellement compatissant abdique alors tout sentiment d'humanité, et repousse comme une honteuse faiblesse les conseils si doux de la pitié. La guerre pourtant, si impitoyable qu'elle soit de sa nature, est régie par certaines lois qu'il n'est pas permis d'enfreindre. La religion et la dignité humaine s'accordent à défendre le meurtre d'un ennemi désarmé ; c'est pour avoir oublié cette loi, c'est pour avoir ordonné le massacre d'une population sans défense, que l'empereur Théodose se vit refuser l'entrée d'une église chrétienne par saint Ambroise, le pieux et courageux évêque de Milan.

Mais si la guerre de nation à nation est quelquefois inévitable, et par conséquent permise, en est-il de même de ces combats partiels que des hommes du même pays, de la même cité, de la même famille quelquefois, se livrent entre eux, pour un mot, pour un geste, pour un rien ? « En quoi consiste le préjugé du duel ? dit un de nos phi-

« losophes modernes. Dans l'opinion la plus extravagante
« et la plus barbare qui entra jamais dans l'esprit humain,
« savoir que tous les devoirs de la société sont suppléés
« par la bravoure; qu'un homme n'est plus fourbe, fripon,
« calomniateur; qu'il est civil, humain, poli, quand il sait
« se battre; que le mensonge se change en vérité, que le
« vol devient légitime, la perfidie honnête, l'infidélité loua-
« ble, sitôt qu'on soutient tout cela le fer à la main; qu'un
« affront est toujours bien réparé par un coup d'épée, et
« qu'on n'a jamais tort avec un homme, pourvu qu'on le tue.
« Il y a, je l'avoue, une autre sorte d'affaire où la gentil-
« lesse se mêle à la cruauté, et où l'on ne tue les gens que
« par hasard : c'est celle où l'on se bat au premier sang!
« Au premier sang! grand Dieu! et qu'en veux-tu faire de
« ce sang, bête féroce? le veux-tu boire? » (J.-J. Rousseau.)

L'affreuse coutume du duel était inconnue aux peuples
de l'antiquité; il ne se livrait jamais de combats singuliers
qu'entre des guerriers de nations ennemies; et encore le
plus souvent ces combats n'étaient-ils autorisés, comme
celui des célèbres champions d'Albe et de Rome, que
parce qu'on les regardait comme un moyen de terminer la
guerre sans grande effusion de sang. Il est donc profondément déplorable que cette coutume sauvage ait été adoptée
par des nations chrétiennes, qui, plus que toutes les autres,
devraient avoir horreur du sang humain. Au moins doit-on
rendre cette justice aux ministres de notre divine religion,
que, même dans les temps les plus barbares, ils se sont
toujours prononcés avec énergie contre cet abominable
préjugé. Le duel judiciaire, introduit pour la première fois
dans la jurisprudence du Moyen-Age, par les lois des Bour-
guignons, fut établi au mépris de l'opposition des évêques,
qui déclaraient ce prétendu moyen d'obtenir la preuve
d'un crime *une orgueilleuse usurpation du jugement de Dieu.*
Le duel est formellement et expressément condamné par
le droit canon (*Causâ*, II, 9, 5). Le concile de Trente
(sess. **XXV**, *de Reform. cap.* XIX) prononça contre les duellistes la peine de l'excommunication et décréta qu'ils se-
raient punis comme les homicides. Les duellistes morts
dans le combat sont privés par l'Église des honneurs de la
sépulture; les décisions des conciles censurent également
ceux qui ont conseillé le duel et ceux qui y ont assisté.

Si le meurtre de l'homme par l'homme est un crime, le
meurtre de l'homme par lui-même, le suicide en un mot,
est-il défendu par la loi divine? Tous les interprètes de la
sainte Écriture ont résolu cette question de la même manière. Dieu ne dit-il pas en effet :

« C'est moi qui donne la vie et la mort? » (Deutér.
c. XXXII.)

Le livre de Job est le plus sublime plaidoyer qui ait jamais été fait contre le suicide. Un homme comblé des biens
de la fortune tombe tout à coup dans l'abjection la plus
affreuse; misérable, rongé de plaies immondes, couché
sur un fumier, cherche-t-il dans une mort volontaire un remède à ses douleurs? Non, il se résigne et puise encore au
fond de son cœur des paroles de reconnaissance et d'amour
pour le Dieu qui l'éprouve si cruellement. Mais, dit-on,
Job était juste, et la résignation est facile au juste parce
qu'il trouve dans la paix de sa conscience une source in-
tarissable de consolations. En est-il de même de l'homme
qui s'est souillé d'un crime? Poursuivi par d'implacables
souvenirs, torturé par les remords, haï de ses semblables,
odieux et méprisable à lui-même, ne lui est-il pas permis
de se réfugier dans le sein de la mort, pour y chercher
l'oubli de ses souffrances? L'oubli dans la mort! Doctrine
impie qui a déjà ravagé tant d'âmes et qui fait chaque jour
tant de victimes. L'oubli dans la mort! mais c'est la négation d'une autre vie et des peines et des récompenses qui
nous y attendent. Oh! qu'ils étaient mieux inspirés ces
hommes qui, dans les siècles de religion et de foi, se con-
finaient tout vivants dans d'étroites cellules, et, du fond de
ces tombeaux ouverts aux regards des passants, consa-
craient le reste de leur vie à confesser leurs crimes et à
en implorer le pardon !

Dira-t-on que dans l'opinion de l'homme qui se tue, la
mort est un châtiment, un supplice expiatoire? Mais alors
cet homme agit comme un insensé, car il renonce volontairement à la seule chance de salut qui lui reste. Au lieu
de chercher à conjurer, par l'oblation de son repentir, la
colère de Dieu, il l'irrite davantage encore par un nouveau
crime.

« Lorsque Judas se tua, dit saint Augustin, il tua assu-
« rément un scélérat, et pourtant il mourut coupable, non-
« seulement de la mort du Christ, mais encore de la sienne
« propre, parce qu'il ne lui appartenait pas de venger sur
« lui-même le crime qu'il avait commis.» (*De Civit.* lib. 1,
cap. XVII.)

On a souvent débattu la question de savoir si l'antiquité
païenne approuvait le suicide. On a produit à l'appui de
l'affirmation les éloges prodigués par les historiens à Lucrèce, à Caton, à Brutus, à Cassius, à Arria, à tant d'autres encore qui se sont donné volontairement la mort; on
a invoqué cette loi de Solon :

« Que celui qui veut mourir le déclare à l'archonte et
« meure. »

Toutefois on trouve dans les philosophes et les poëtes
des passages qui sembleraient indiquer que cette funeste
doctrine était repoussée par les sages. On lit en effet dans
le *Phédon*, que Socrate, à qui un de ses disciples deman-
dait s'il était permis à l'homme de se tuer, répondit par
cette maxime qu'on enseignait dans les mystères orphiques:

« Nous sommes placés dans la vie comme dans un poste,
« et il ne nous est pas permis de l'abandonner sans per-
« mission. »

Cicéron, tout en approuvant la mort de Caton, condamne cependant implicitement la doctrine du suicide
lorsqu'il dit :

« Caton sortit de la vie en s'estimant heureux d'avoir
« trouvé un motif suffisant pour se donner la mort, car le
« Dieu auquel nous devons nous soumettre nous défend
« d'abandonner notre poste sans son ordre. Mais lorsque ce

« Dieu nous a donné de justes motifs de mourir, comme à
« Socrate, comme à Caton, comme à beaucoup d'autres,
« assurément le sage doit quitter avec joie les ténèbres de
« cette vie pour les lumières de l'autre; en agissant ainsi, il
« ne brisera pas les portes de sa prison, car les lois le dé-
« fendent, mais il sortira libéré par Dieu, comme il pour-
« rait l'être par un magistrat ou par quelque autre puis-
« sance légitime. » (*Tuscul. Quæst. lib.* I.)

« Tout homme, dit Aristote, fait partie d'une commu-
« nauté; or, en se tuant, il fait tort à la communauté, puis-
« qu'il la prive ainsi d'un de ses membres. » (Ethic. v,
cap. ultimo.)

Ces vers de Virgile, que nous ne voulons pas traduire,
prouvent encore, en décrivant le supplice de ceux qui se
sont tués volontairement, que le suicide était condamné
par la philosophie païenne :

> Proxima deinde tenent mœsti loca, qui sibi lethum
> Insontes peperere manu, lucemque perosi
> Projecere animas. Quam vellent æthere in alto
> Nunc et pauperiem et duros perferre labores!
> Fata obstant, tristique palus inamabilis unda
> Alligat, et novies Styx interfusa coercet.

Enfin, on peut attaquer l'autorité de la loi de Solon par
cette autre loi d'Athènes citée par l'orateur Æschine :
« Si un homme se suicide, on coupera la main coupable
« du meurtre et on l'enterrera séparément du reste du
« corps. »

Nos lois civiles contenaient autrefois des dispositions sévères contre ceux qui avaient péri par leurs propres mains ;
leurs corps étaient suspendus au gibet et jetés ensuite à la
voirie ; ces lois ont été abrogées, et l'Église seule aujour-
d'hui punit ce crime après la mort des coupables. Mais
qu'importent les censures de la religion à ceux qui n'ont
pas craint de terminer leur vie par un acte d'impiété ? Jamais le suicide n'a été aussi fréquent que de nos jours ; à
voir la démoralisation et le scepticisme qui s'emparent de
toutes les conditions, de tous les sexes, de tous les âges,
ne doit-on pas se demander où s'arrêtera ce désespoir qui
détruit jusqu'à l'instinct de la conservation, le plus vivace
de tous, et qui pousse les hommes dans la mort comme s'ils
étaient sûrs de conquérir ainsi le néant ? Espérons que de
si funestes exemples ne prévaudront pas contre les lois
éternelles de la religion, de la nature, de l'humanité, et que
les générations qui s'élèvent respecteront la vie des autres et la leur comme un dépôt que Dieu nous confie et
dont nous aurons un jour à lui rendre compte.

on mœchaberis.
u ne seras point luxurieux.
hou shalt not be luxurious.
u sollst nicht der Wollust fröhnen.
o estaras luxurioso.

VI.

TU NE SERAS POINT LUXURIEUX.

Saint Grégoire donne pour filles à la luxure : l'aveuglement de l'esprit, la légèreté, la précipitation, l'inconstance, l'amour de soi, la haine de Dieu, l'attachement à la vie présente, l'horreur de la vie future. (S. Grég. liv. xxxi, *Moral.*)

Il n'est point de vice, en effet, dont les ravages puissent se comparer à ceux que produit la luxure. Dès que cette funeste passion a pris racine dans le cœur de l'homme, elle se développe avec une rapidité surprenante, et, comme ces herbes parasites qui absorbent le suc des plantes utiles qui croissent sous leur ombre, elle se nourrit aux dépens de tous les penchants généreux ; elle comprime, elle étouffe les plus nobles instincts, et tarit dans leur source les grandes pensées, d'où naissent à leur tour les grandes actions. « Que peut-on refuser à la volupté, s'écrie Massillon, lorsqu'on en est devenu l'esclave? L'honneur, la raison, l'équité, notre gloire, notre intérêt même, ont beau se révolter contre ce qu'elle exige; ce sont de faibles moniteurs : rien n'est écouté. Demandez à un homme public une grâce injuste, onéreuse au peuple et dommageable à l'État; en vain sa place, sa conscience, sa réputation, l'en détournent : si c'est la volupté qui demande, tout cède, et vous êtes sûr d'obtenir. Qu'un homme en place ait le malheur de déplaire à un autre Hérodias : en vain ses talents et ses services, sa probité, parlent pour lui; en vain l'État souffrira de son éloignement : c'est la volupté qui le demande, il faut qu'il soit sacrifié; et le prince aimera mieux s'attirer le mépris et l'indignation publique, en sacrifiant un serviteur fidèle et utile à l'État, que contrister un moment l'objet honteux de sa passion. » (*Panégyr. de saint Jean-Baptiste.*)

L'homme affligé de cette faiblesse ne connaît plus ni amis, ni famille, ni patrie, ni religion ; les autres passions même, ces tyrans du cœur humain, reconnaissent et subissent son empire. La volupté commande; aussitôt l'orgueil s'humilie, l'avarice jette au vent ses trésors, l'ambition abdique le sceptre du monde. Antoine, vaincu à Actium, va se consoler de sa défaite dans les bras de Cléopâtre ; un effort encore, et il pourrait rallier sa flotte, réunir ses partisans, conjurer une seconde fois la fortune; mais non, qu'Octave triomphe, que Rome change de maître, que l'univers entier s'écroule, peu importe au voluptueux triumvir, pourvu qu'il puisse dormir une heure de plus sur le sein de sa courtisane couronnée.

Comme le souffle embrasé du simoun dessèche le cèdre et le palmier, ces géants du désert, la volupté énerve et abat la force la plus redoutable, le courage le plus indompté. Voici des héros que le ciel a comblés de ses dons et élevés au-dessus de l'humanité; ils ont vaincu des géants, terrassé des monstres, battu seuls et sans armes des armées entières; leur aspect imprime aux hommes le respect et la terreur; s'ils voulaient, on leur élèverait des trônes, on leur dédierait des temples : un beau jour, les peuples opprimés les appellent à leur aide, et ils ne répondent pas; on les cherche, et on les trouve enfin nonchalamment étendus aux pieds d'une Dalila ou d'une Omphale.

Le goût des plaisirs, la mollesse, la volupté, sont, pour les nations qui s'y abandonnent, les causes les plus puissantes de ruine et de décadence. Sous l'influence de ces vices destructeurs, les antiques traditions tombent dans l'oubli, les lois perdent leur autorité, les institutions se dissolvent; chez un peuple abâtardi par les plaisirs, énervé par les jouissances, le bonheur, le bonheur matériel, le bonheur de la brute est le seul but où tendent tous les efforts; la gloire n'est plus qu'un mot sonore, mais vide de sens : la guerre est regardée comme une nécessité cruelle qui ne rapporte, après tout, que des fatigues et des privations; on ne s'y résout qu'à la dernière extrémité, on ne marche au combat qu'à regret, et en traînant après soi des troupes d'esclaves, de baladins et de courtisanes, seul souvenir de la patrie qui suive une armée dissolue dans les camps. Un peuple semblable est bientôt subjugué; c'est ainsi que l'Égypte, la plus corrompue des nations antiques, l'Égypte, dont les femmes se prostituaient publiquement dans le temple de Mendès, et où la courtisane Rhodope amassa assez de trésors pour élever à ses frais une pyramide, fut la proie de quiconque voulut la prendre, et passa, presque sans coup férir, sous le joug de Cambyse, d'Alexandre, des Romains et des Arabes. C'est ainsi que l'immense monarchie des Perses, dont les soldats étaient vêtus de soie et portaient des bottines ornées de clous d'or, fut conquise en trois batailles, par une poignée de Grecs; c'est ainsi que ces colons de l'Italie méridionale, ces Sybarites que le pli d'une feuille de rose blessait dans leur sommeil, furent honteusement asservis, malgré leurs trois cent mille défenseurs, par quelques soldats de Crotone.

Les Hébreux, qui avaient séjourné en Égypte pendant une longue suite de générations, n'avaient pas su résister à la contagion de l'exemple; nourris dans l'esclavage, ils avaient, comme tous les esclaves qui se sentent dégradés par l'humiliation et le mépris des hommes, cherché, dans la dissipation et la débauche, l'oubli momentané de leurs souffrances. La loi de Dieu n'était pas cependant tout à fait morte dans leurs cœurs; ils n'avaient pas perdu tout souvenir des traditions patriarcales; ils savaient de quel terrible châtiment Dieu avait puni, du temps d'Abraham, Gomorrhe, Sodome, Adama, Séboïm et Ségor, les cités impudiques; toutefois, ces derniers vestiges de la foi de leurs pères allaient toujours en s'effaçant, et il était facile de prévoir le temps où la corruption des contrées voisines s'attaquerait au cœur même de la nation, si une révélation inattendue ne venait fortifier et féconder, pour ainsi dire, le peu de vertu qu'elle conservait encore. C'est ce moment que Dieu choisit pour renouveler avec Moïse l'alliance qu'il avait faite autrefois avec Noé et Abraham; et comme la corruption des mœurs est la source de tous les autres vices, Dieu s'attache particulièrement à la combattre; il s'y prend à deux reprises, comme avec un ennemi redoutable. Par le sixième commandement, il interdit la luxure sous toutes ses formes; par le neuvième, il condamne plus particulièrement l'adultère. L'impudicité est signalée à chaque pas, dans les saintes Écritures, comme un vice odieux à l'Éternel :

« Il n'y aura point de courtisanes parmi les filles d'Is-
« raël, ni de débauchés parmi les fils de mon peuple. »
(Deutéron. xxiii.)

« Garde-toi de tout amour coupable, et ne fréquente
« jamais d'autre femme que ton épouse. » (Tob. xi.)

« Mon fils, donne-moi ton cœur, et que tes yeux
« prennent garde à mes voies, car la femme débauchée
« est un abîme sans fond, et l'étrangère est un puits de
« détresse. » (Prov. ch. xxiii.)

« L'homme qui aime la sagesse réjouit son père; mais
« celui qui entretient des courtisanes dissipe son ave-
« nir. » (Prov. ch. xxix.)

La luxure est un vice redoutable chez tous les peuples, mais elle pouvait devenir particulièrement fatale au peuple hébreu, en le détachant du culte du vrai Dieu pour le jeter dans les ténèbres de l'idolâtrie. Les courtisanes, en effet, les prostituées, les femmes de mauvaise vie étaient, pour la plupart, des étrangères venues de la Mésopotamie, de la Phénicie et de l'Égypte, et elles cherchaient naturellement à faire prévaloir, dans les tribus d'Israël, la religion de leur pays, dont la morale accommodante s'alliait facilement avec les désordres de leur vie. Quelle influence ces femmes ne pouvaient-elles pas exercer sur la masse du peuple, puisque l'Écriture nous apprend que Salomon lui-même, Salomon, à qui Dieu avait donné la sagesse, et qu'il avait choisi pour édifier son temple, n'avait pas su résister à leurs séductions !

« Or, le roi Salomon aima plusieurs femmes étrangè-
« res, outre la fille de Pharaon, savoir : des Moabites,
« des Ammonites, des Iduméennes, des Sidoniennes et
« des Héthiennes,

« D'entre les nations dont l'Éternel a dit aux enfants
« d'Israël : Vous n'irez point vers elles, et elles ne vien-
« dront pas vers vous, car certainement elles détourne-
« raient votre cœur pour suivre leurs dieux. Salomon
« s'attacha à elles avec passion.

« Il eut donc sept cents femmes et trois cents concu-
« bines, et ces femmes détournèrent son cœur.

« Et Salomon suivit Astaroth, dieu des Sidoniens, et
« Milcom, qui était l'idole des Ammonites.

« Il éleva un autel à Kémos, l'idole des Moabites, sur
« la montagne qui est vis-à-vis de Jérusalem, et à Mo-
« loch, l'idole des enfants d'Ammon.

« Il en fit de même pour les dieux de toutes ses fem-
« mes étrangères; il les encensait et leur offrait des sa-
« crifices.

« C'est pourquoi l'Éternel fut indigné contre Salomon,
« parce qu'il avait détourné son cœur de l'Éternel, le
« Dieu d'Israël, qui lui était apparu deux fois. » (Rois,
liv. I, chap. xi.)

La chasteté était donc en même temps pour le peuple de Dieu un devoir moral et une nécessité religieuse. Cette vertu, toutefois, n'était pas honorée à Jérusalem dans ce qu'elle a de plus pur et de plus sublime, la virginité. Chez les peuples pasteurs, les enfants sont la richesse du père de famille; il est donc tout naturel que les femmes se fassent honneur de leur fécondité, et que la stérilité soit regardée comme un châtiment du ciel et un opprobre. Aussi voyons-nous la fille de Jephté, vouée à la mort par son père, se retirer sur les montagnes pour pleurer sa virginité. Dieu, en outre, avait dit à Abraham : « Je multiplierai ta postérité comme les grains de sable « de la mer et comme les étoiles du firmament. » Les Juifs regardaient comme un devoir sacré de hâter autant qu'il était en eux l'accomplissement de cette promesse, et toutes leurs institutions civiles tendaient, en conséquence, à l'accroissement de la population. Le mariage était entouré de pompes et de cérémonies brillantes; les fêtes et les réjouissances se prolongeaient pendant une semaine entière; les époux, couronnés de fleurs, et suivis de leurs compagnons d'enfance, se promenaient par les villes au son des instruments; ils étaient si parés que, pour exprimer l'éclat du soleil, David ne trouve point de plus heureuse comparaison que celle d'un époux.

Les femmes juives vivaient dans la retraite la plus absolue, ne sortant que pour visiter leurs parents et pour se rendre au temple; elles s'occupaient de l'éducation de leurs enfants et des travaux du ménage; leur vie était chaste, uniforme et laborieuse, comme l'atteste ce portrait, d'une simplicité si admirable, qu'en trace le roi Salomon :

« Le prix d'une femme vertueuse surpasse de beaucoup
« celui des perles.

« Le cœur de son mari s'assure en elle, et il ne man-
« que point de richesses.

« Elle lui fait du bien tous les jours de sa vie, et ja-
« mais de mal ;

« Elle travaille la laine et le lin, et fait de ses mains
« ce qu'elle veut ;

« Elle est semblable au navire d'un marchand, et elle
« amène son pain de loin ;

« Elle se lève lorsqu'il est encore nuit, et elle distribue
« l'ordinaire de sa maison, et la tâche à ses servantes ;

« Elle met ses mains au fuseau, et ses doigts tiennent
« la quenouille ;

« Elle ne craint point la neige pour sa famille, car
« toute sa famille est vêtue de vêtements doubles ;

« Elle examine le train de sa maison, et ne mange
« point le pain de la paresse.

« La grâce trompe, et la beauté s'évanouit, mais la
« femme qui craint l'Éternel sera éternellement louée. »
(Proverb. ch. xiii.)

Les femmes les plus élevées en dignité, les filles et les
épouses des rois, n'étaient point dispensées de ces pieuses
occupations domestiques : l'Écriture nous apprend que
Tamar, la fille de David, préparait elle-même les aliments
de son frère Amnon, et que la mère de Samuel lui avait
fait, de ses mains, une tunique dont il se parait les jours
de fête.

La religion juive et la religion chrétienne sont les seules
qui aient expressément érigé la chasteté en précepte ; le
polythéisme antique, au contraire, par la licence de quel-
ques-uns de ses dogmes et de ses rites, semble s'être
proposé pour but la corruption générale des mœurs.
Ainsi, on ne pourrait même citer, sans rougir, les attri-
buts de l'infâme divinité de Lampsaque, non plus que
le culte obscène qui, au témoignage d'Hérodote, était
rendu dans Babylone à la déesse Mylitta. La Grèce avait
divinisé toutes les formes de la débauche ; dans ses villes,
dans ses champs, sur les rivages de ses mers, s'élevaient
audacieusement les temples de Vénus impudique, de Vénus facile, et, qui le croirait ! de Vénus Πάνδημος.

Toutefois, ces honteuses divinités furent longtemps
sans pouvoir étouffer chez les peuples la pudeur, ce sentiment inné au cœur de l'homme. Les législateurs, les
philosophes, n'osant toucher au fond même de la religion, s'étaient attachés à en combattre les funestes effets
par des règlements sages et sévères. Longtemps, en dépit de l'immoralité du culte, l'honnêteté, la chasteté, la
modestie, furent en honneur chez les nations païennes ; la
virginité elle-même, chose étonnante, était révérée
comme la première des vertus.

« La plupart des sages de l'antiquité ont vécu dans le
célibat : on sait combien les gymnosophistes, les brachmanes, les druides, ont tenu la chasteté à honneur ; les
sauvages même la regardent comme céleste, car les peuples de tous les temps et de tous les pays n'ont eu qu'un
sentiment sur l'excellence de la virginité. Chez les anciens,
les prêtres et les prêtresses, qui étaient censés converser
intimement avec le ciel, devaient vivre solitaires ; la
moindre atteinte portée à leurs vœux était suivie d'un
châtiment terrible ; on n'offrait aux dieux que des génis-
ses qui n'avaient point été mères ; ce qu'il y avait de plus
céleste et de plus doux possédait la virginité. On la donnait à Vénus Uranie et à Minerve, déesses du génie et
de la sagesse ; l'amitié était une adolescente, et la virginité elle-même, personnifiée sous les traits de la lune,
promenait sa pudeur mystérieuse dans les frais espaces
de la nuit. » (Chateaub. Génie du christ.)

Les lois civiles des premières époques de la civilisation
grecque témoignent aussi du respect qu'inspirait la chasteté, et du mépris qui s'attachait à la corruption des
mœurs : à Athènes, les filles ou les veuves de condition
libre qui s'étaient déshonorées, étaient vendues comme
esclaves, et leurs complices étaient flétries du nom
d'ἄτιμος, infâme. Une autre loi rend un hommage plus
significatif encore à la pudeur ; les prostituées ne pouvaient paraître en public qu'avec une tunique ornée de
fleurs (Suidas, Artemid. liv. ii) ; comme si le législateur
avait voulu marquer par là que les femmes vertueuses
devaient surtout se distinguer par la modestie et la simplicité de leurs vêtements.

On sait de quelle profonde vénération les vestales
étaient entourées à Rome ; elles avaient les premières
places dans les jeux publics, et leur seule présence suffisait pour rendre aux criminels la liberté et la vie.

Comme les femmes juives, les femmes grecques et romaines vivaient dans l'intérieur de leurs maisons ; les
étrangers étaient rarement admis en leur présence ; elles
s'occupaient de travaux domestiques, et faisaient elles-
mêmes les vêtements de leurs époux. La seule gloire
qu'ambitionnât une matrone romaine était qu'après sa
mort on pût écrire sur son tombeau :

ELLE GARDA LA MAISON ET FILA DE LA LAINE.

Les annales du paganisme fournissent de beaux et
nobles exemples de chasteté ; l'antiquité romaine retentit
des noms glorieux de Lucrèce, de Cornélie, de Scipion
et de bien d'autres ; les historiens, les poètes, les philosophes admiraient cette vertu, et savaient la célébrer.
Valère Maxime commence un de ses ouvrages par cette
belle invocation à la pudeur :

« Comment t'invoquerai-je, ô pudeur, première vertu
des hommes et des femmes ! Tu habites les foyers de
Vesta, consacrés par l'antique religion ; tu reposes sur les
coussins de Junon Capitolienne ; tu es le soutien du palais ; tu honores, par ta présence, les augustes pénates
et le lit nuptial de la mère de César ; tu es l'égide sacrée
de l'enfance ; grâce à toi, la fleur de la jeunesse conserve
tout son éclat ; tu es le plus bel ornement de la robe de

nos matrones ; viens donc, et écoute le récit des nobles actions que tu as inspirées. » (Val. Max. liv. vi.)

Malheureusement, lorsqu'une vertu n'a d'autre base que le sentiment moral, lorsqu'au lieu de l'ériger en devoir sacré, la religion est la première à en enseigner la violation et le mépris, il arrive un temps où les sociétés, égarées par le scepticisme, qu'elles prennent pour le dernier mot de la logique humaine, corrompues par les richesses, avides de plaisirs et de jouissances nouvelles, rejettent comme un frein incommode les règles de conduite qui les avaient guidées jusqu'alors, et se précipitent sans remords dans les excès qui dégradent le plus le cœur et la raison.

Tel est le tableau que nous présente la société grecque lorsque, victorieuse des ennemis du dehors, elle se laissa aller enfin à toutes les séductions du luxe et de la volupté. Les arts, qui, sous l'empire d'une religion sévère et morale, élèvent et ennoblissent le caractère de l'homme, ne sont plus que des éléments de corruption et de désordre lorsqu'ils se font les interprètes d'un culte sans dignité et sans grandeur. C'est pour cela que l'époque des arts fut aussi pour la Grèce l'époque de la dépravation des mœurs ; le siècle de Périclès fut aussi le siècle des courtisanes. Ne vit-on pas ce même Périclès, ce chef de l'État, pleurer au milieu de l'aréopage pour obtenir de la méprisante pitié des juges l'acquittement de la prostituée Aspasie ? Alcibiade, qui avait commandé des armées, faisait exposer dans le Céramique un tableau où il était représenté couché, à demi nu, sur les genoux de la courtisane Nemea. Thémistocle, le vainqueur de Salamine, avait osé paraître en public sur un char orné de fleurs, entre quatre malheureuses femmes dont l'histoire n'a pas rougi de nous transmettre les noms. Aristote lui-même, le précepteur d'un roi, osa, à la face du monde, instituer pour sa légataire la courtisane Herpyllis. Enfin, pour comble de honte, le peuple, réuni sur la place publique, sur cette *agora* toute retentissante encore des foudres de Démosthènes, avait voté par acclamation des statues à Laïs, à Cottina, à Phryné ; peut-être cette dernière devait-elle un pareil honneur à l'offre qu'elle avait faite de rebâtir de ses deniers les remparts de Thèbes, renversés par Alexandre.

Rome nous offre le même spectacle : tant qu'elle fut menacée par les ennemis du dehors, elle conserva pieusement le dépôt des mœurs antiques ; mais à peine eut-elle reçu avec la paix les arts et la civilisation de la Grèce, que, comme un poison subtil, la corruption pénétra au cœur de ce corps jusqu'alors invulnérable. Les crimes des chefs de l'empire font frémir la nature : l'inceste, l'adultère, s'assirent tête levée sur le trône des Césars. Athènes avait érigé des statues à des prostituées, Rome leur dédia des temples ; bientôt enfin la luxure envahit tellement toutes les classes de la société, que la pudeur ne fut plus qu'une tradition populaire, qu'une vertu fabuleuse, pratiquée peut-être dans les siècles héroïques, du temps du roi Saturne, comme dit le poëte :

Credo pudicitiam Saturno rege moratam
In terris, visamque diù, còm frigida parvas
Præberet spelunca domos, ignemque laremque
Et pecus et dominos communi clauderet umbrâ.

(JUVÉNAL, Sat. vi.)

C'est au milieu de cette société toute prête à se dissoudre et à tomber en morceaux comme un corps gangrené, qu'apparut tout à coup la chaste religion de Jésus-Christ, de Jésus-Christ l'homme Dieu, né d'une vierge, qui lui-même vécut et mourut vierge ; magnifique condamnation des théosophies antiques, admirable exemple proposé aux conseillers des peuples, sublime enseignement qui, par la réhabilitation de la modestie, de la chasteté, de la pudeur, de toutes les vertus honnêtes, donnait au monde, frappé d'étonnement, le signal de la régénération humaine !

on furtum facies.
u ne voleras pas.
hou shalt not rob.
u sollst nicht stehlen.
o hurtaras.

VII.

TU NE VOLERAS PAS.

Le vol est la négation la plus énergique du droit de propriété. Si ce droit n'existait pas, si la terre avec tout ce qu'elle produit appartenait également à tous, le vol, dans son acception vulgaire, serait un mot vide de sens, puisqu'il serait permis à chacun de s'emparer, en tout lieu et en toute occasion, de ce qu'il jugerait propre à satisfaire ses besoins, ou seulement à flatter son goût. La condamnation ou l'absolution du vol dépend donc, avant tout, de la solution de cette question : La propriété est-elle, oui ou non, fondée sur le droit naturel?

Quelques auteurs ont nié de la manière la plus formelle le droit de propriété. Qui ne connaît cette éclatante protestation du philosophe de Genève :

« Le premier qui, ayant enclos un terrain, s'avisa de dire : *Ceci est à moi*, et trouva des gens assez simples pour le croire, fut le vrai fondateur de la société civile. Que de crimes, de guerres, de meurtres, que de misères et d'horreurs n'eût point épargnés au genre humain celui qui, arrachant les pieux ou comblant le fossé, eût crié à ses semblables : Gardez-vous d'écouter cet imposteur ; vous êtes perdus si vous oubliez que les fruits sont à tous, et que la terre n'est à personne! » (J.-J. Rouss. *Disc. sur l'inégal.*)

Hobbes, en professant la même doctrine, n'hésite pas à en tirer les conséquences qui semblent avoir effrayé l'esprit pourtant si aventureux de Rousseau. Dès que l'on proclame, en effet, le droit de tous sur toutes choses, n'est-il pas rationnel d'admettre que chacun peut s'emparer de ce qu'il trouve à sa convenance dans le champ, dans le verger, même dans la maison de son semblable? Agir autrement, ne serait-ce pas implicitement reconnaître le droit de propriété? Le principe de la communauté des biens, dans son sens le plus absolu, aboutit donc logiquement, nécessairement, à la consécration de la force physique. Etablir la société sur ce principe, c'est mettre la violence et le brigandage à la place du droit. Il suit de là que le droit de propriété est inséparable de l'existence même de la société ; la transmission, l'exercice et les limites de ce droit sont déterminés dans toute société bien organisée ; mais comment la propriété a-t-elle pu être régulièrement acquise dans l'origine, avant la réunion des hommes en tribus, en peuplades, en nations? C'est là, ce nous semble, une question que les lumières de la raison peuvent facilement résoudre, et que tous les paradoxes des sophistes sont impuissants à obscurcir.

Il est certain que, dans l'état de nature, la terre, avec sa luxuriante végétation, avec ses forêts et ses fleuves peuplés d'une proie abondante et facile, était le domaine commun de tous ses habitants ; nul ne naissait avec d'autres droits que ceux qui résultaient de ses besoins, et ces besoins étant les mêmes pour tous, il ne pouvait y avoir d'autre différence dans les moyens de les satisfaire, que celle qui provenait de l'activité, de l'industrie, de l'esprit inventif de chacun. D'une branche arrachée à un arbre un homme fabriquait un javelot pour percer le daim dans les forêts, ou pour se défendre contre les bêtes féroces ; de la dépouille de l'animal qu'il avait tué il se faisait un vêtement contre l'intempérie du ciel ; l'hiver arrivant avec ses rigueurs et ses frimas, il se construisait, au pied d'un rocher, une cabane rustique ; cette cabane, ces armes, ces vêtements, qui n'auraient pas existé sans l'industrie de cet homme, étaient-ils sa propriété légitime? Quiconque oserait le nier serait désavoué par l'humanité tout entière.

Mais, au lieu de se construire une cabane, le même homme choisit pour sa demeure une caverne ignorée de tous les autres; autour de cette caverne, dans une lande jusque-là improductive, il sème des plantes utiles, afin que la moisson qu'il recueillera lui mette à l'abri du besoin quand viendront les jours de stérilité et de disette. Cette retraite qu'il a découverte, ce champ qu'il a fécondé, sont-ils sa propriété légitime? Assurément oui, car, avant lui, la caverne qu'il habite, le champ qu'il cultive, ne profitaient à aucun : c'était une propriété commune dont la communauté ne jouissait pas, et dont, par conséquent, le premier venu pouvait s'emparer sans nuire à personne.

A cette époque primitive, l'occupation était donc le seul titre nécessaire de la propriété. Tout était et devait être au premier occupant.

C'est ce droit, dit le jurisconsulte Merlin, que Cicéron définit en deux mots : « *Sunt privata nulla naturâ, sed aut vetere occupatione, aut quæ quondam in vacua venerunt.* » Et pour en développer le principe, il compare le monde à un théâtre qui appartient à la communauté, mais dans lequel cependant le premier occupant est le maître de la place dont il s'est emparé pendant tout le temps qu'il l'occupe : « *Quemadmodum theatrum cum commune sit, recte*

C'est ainsi que les enfants de Noé, lorsqu'ils se disper-sèrent sur la terre, s'emparèrent légitimement des por-tions de territoire qu'ils trouvèrent inoccupées, et que chacun d'eux, en déterminant les limites du champ qu'il devait cultiver, fonda sur des bases désormais inébranla-bles le droit de propriété.

De tout temps cependant il a existé des hommes lâches et fainéants qui ont trouvé plus commode d'enlever les fruits du champ de leur voisin que d'en cultiver un eux-mêmes. Ce délit, le plus bas de ceux qui troublent l'ordre social, aurait pour résultats, s'il était généralisé, de faire rétrograder la société vers l'état de nature, et livrerait in-failliblement le genre humain à l'anarchie, à la discorde, à des guerres perpétuelles. Tous les législateurs ont donc sagement fait de frapper le vol de peines sévères, et de l'élever, dans certains cas, jusqu'à la hauteur des crimes irrémissibles.

Chez les Hébreux, le vol simple était puni par la res-titution plus ou moins grande que le voleur était obligé de faire. Si l'objet volé se retrouvait chez le voleur, la loi limitait la restitution au double ; mais si le voleur n'avait pas de quoi restituer, on pouvait le vendre lui-même ou le réduire en esclavage.

La loi permettait de tuer le voleur nocturne, parce qu'il est présumable que, dans ce cas, le voleur ne recu-lerait pas devant l'homicide ; mais il n'était pas permis de tuer celui qui volait pendant le jour, parce qu'il était facile de se défendre contre lui, et de poursuivre devant les juges la restitution de l'objet volé.

Voici les dispositions textuelles de la loi :

« Si quelqu'un dérobe un bœuf ou un agneau, et qu'il le tue ou qu'il le vende, il restituera cinq bœufs pour le bœuf, quatre agneaux pour l'agneau ;

« Si le voleur est surpris pendant la nuit, et qu'il soit frappé à mort, celui qui l'aura frappé ne sera point cou-pable de meurtre ; mais si le soleil est levé sur lui, il sera coupable de meurtre.

« Il fera donc une entière restitution, et s'il n'a pas de quoi, il sera vendu pour son larcin.

« Si ce qui est dérobé est trouvé vivant entre ses mains, soit bœuf, soit âne, soit menue bête, il rendra le double. » (Exode, ch. xxii.)

Sauf le cas de flagrant délit, et encore fallait-il que le soleil fût couché, on voit qu'aucune de ces dispositions ne frappe le voleur de mort ; cette peine terrible n'était prononcée que contre celui qui volait un homme, confor-mément à cette loi :

« Celui qui aura dérobé un homme et l'aura vendu pour esclave, sera puni de mort. » (Ex. ch. xxi, v. 16.)

Toutefois, il est à remarquer que cette loi est repro-duite en d'autres termes dans le Deutéronome :

« Quand on trouvera quelqu'un qui aura dérobé un de ses frères des enfants d'Israël, et qui en aura fait trafic et l'aura vendu, ce larron-là mourra, et tu ôteras le mal d'au milieu de toi. » (Deutéronome, chap. xxiv, v. 7.)

Ce rapprochement était important à faire, car les Juifs, interprétant la première loi par la seconde, n'ont jamais cru qu'il leur était défendu, sous peine de mort, de voler et de vendre d'autres personnes que des Israélites, et cette distinction est expressément indiquée dans la version des Septante.

Une autre espèce de vol était encore punie de mort : c'était le vol de la part consacrée au trésor de l'Éternel dans le butin pris sur l'ennemi. L'Écriture nous fournit un exemple d'un vol de ce genre, et du terrible châti-ment dont il fut suivi. La ville de Jéricho avait été dé-vouée tout entière à l'Éternel, dont le trésor devait s'enri-chir « *de tout l'or, de tout l'argent, de tous les vaisseaux de fer et d'airain* » que les vainqueurs trouveraient dans les maisons. Or Hacan, fils de Carmi, de la tribu de Juda, s'étant approprié quelques objets précieux, la co-lère de Jéhovah éclata sur tout le peuple, et trois mille hommes que Josué avait envoyés pour surprendre une ville furent taillés en pièces par l'ennemi.

Les Hébreux, épouvantés de cet échec, se répandaient en lamentations ; mais l'Éternel déclara à Josué, leur in-terprète auprès de lui, que son courroux ne s'apaiserait que lorsque le coupable aurait été mis à mort. Le sort désigna Hacan ;

« Alors Josué et tout Israël avec lui, ayant pris Hacan, fils de Zara, et l'argent, et la robe, et le lingot d'or, et ses filles, et ses bœufs, et ses ânes, et ses brebis, et sa tente, et tout ce qui était à lui, les firent venir en la vallée de Hacor,

« Et Josué dit : Pourquoi nous as-tu troublés ? l'Éter-nel te troublera aujourd'hui. Et tous les Israélites les as-sommèrent de pierres, et les brûlèrent au feu ;

« Et ils dressèrent sur lui un grand monceau de pierres qui dure jusqu'à ce jour. Et l'Éternel revint de l'ardeur de sa colère. C'est pourquoi on a nommé, jusqu'à aujour-d'hui, ce lieu, la vallée de Hacor. » (Josué, ch. vii.)

L'antiquité païenne n'avait pas des idées aussi pures que nous relativement au vol, puisqu'on pensait que cer-taines divinités protégeaient les voleurs, telles que la déesse Laverna et Mercure.

Il y avait chez les Égyptiens une loi qui réglait le mé-tier de ceux qui voulaient être voleurs : ils devaient se faire inscrire chez un chef officiellement reconnu, qui te-nait registre de tous les vols. Ceux qui avaient été volés s'adressaient à lui, on leur communiquait le registre, et si le vol y était inscrit, on leur rendait ce qu'ils avaient perdu, sauf un quart qu'on retenait pour les voleurs, parce que, disait cette loi, il est plus avantageux, la mau-vaise habitude du vol ne pouvant être abolie complète-ment, de retirer une partie de ce qu'on a perdu, que de perdre le tout. (*Encyclop.*)

Tout le monde sait que le vol était toléré à Sparte, pourvu qu'il fût exécuté avec adresse.

En général, cependant, les lois frappaient le vol de

châtiments sévères, parce que, quelle que fût, au fond, l'opinion des législateurs sur la culpabilité de ce délit, ils savaient que le respect de la propriété est, après la religion, le fondement le plus solide de toute société humaine. Comme chez les Hébreux, à Athènes le vol d'un homme libre était puni de mort; la même peine atteignait ceux qui avaient volé dans certains lieux déterminés, comme le Lycée, l'Académie, le Cynosarge (*Antiq. grecq.*). Le vol simple, commis par un homme libre, n'était puni que de la restitution double; mais les esclaves surpris en flagrant délit étaient attachés à une roue, et déchirés à coups de fouet jusqu'à la mort. (Térence, *Andryane*.)

À Rome, d'après la loi des douze tables, le voleur pris en flagrant délit était condamné au fouet, et réduit en servitude, s'il était pubère, ou seulement fustigé, s'il était impubère; le vol simple était puni par la restitution du double; l'esclave qui avait volé était précipité du haut de la roche Tarpéienne.

Chez les Scythes, dont les troupeaux erraient çà et là dans les plaines, sans pasteurs le plus souvent, le vol était considéré comme le plus grand des crimes, et la loi le punissait de mort.

En Chine, les voleurs cruels étaient coupés en morceaux. (Montesq. *Espr. des Lois.*)

Au Mexique, avant la conquête des Espagnols, celui qui volait dans les villages ou dans les maisons devenait l'esclave de l'homme qu'il avait volé, quand il n'avait pas commis d'effraction et que le vol était de peu d'importance; dans le cas contraire, il était pendu. Quand un vol commis dans la campagne s'élevait au-dessus de la valeur de sept épis, le coupable était assommé à coups de massue. (Don Fern. d'Alv. *Hist. des Chichim.*)

Toutes les lois et les ordonnances royales des premiers siècles de la monarchie française prononcent contre les voleurs les châtiments les plus redoutables; cette sévérité, qui nous effraie aujourd'hui, était nécessaire dans ces temps d'anarchie où l'absence de toute juridiction régulière, et la subdivision infinie du territoire, en multipliant les frontières, facilitaient singulièrement l'impunité des crimes.

La loi des ripuaires portait peine de mort contre les voleurs.

En 789, Charlemagne tint dans son palais d'Héristal un parlement où il fut réglé qu'un premier larcin serait puni de la perte d'un œil; un deuxième, de la perte du nez; un troisième, de mort.

Saint Louis publia une ordonnance plus sévère encore : celui qui avait volé sur un grand chemin était pendu et traîné sur la claie; ses meubles étaient confisqués au profit du baron, sa maison rasée, ses prés ravagés, ses vignes arrachées, ses arbres dépouillés de leur écorce; le vol de « *menues choses* » était puni de la perte d'une oreille pour la première fois, d'un pied pour la seconde, du gibet pour la troisième.

Il y a quelques années à peine que notre législation

prononçait encore la peine de mort contre le voleur lorsque le crime avait été accompagné de certaines circonstances; cette disposition a été adoucie, et la loi actuelle concilie le respect de l'humanité avec les garanties que la société a le droit d'exiger du législateur.

Il est une espèce de vol qu'on désigne par un nom particulier, mais qui, d'après tous les Pères de l'Église, est implicitement prévue par le viie précepte du Décalogue : nous voulons parler de l'usure. De tout temps les Hébreux ont été enclins à ce délit, comme on peut l'inférer de nombreux passages de l'Écriture. Il importe toutefois de remarquer que le mot *usure*, auquel nous attachons aujourd'hui une signification défavorable, n'exprime rigoureusement que *l'intérêt, le loyer* d'un capital prêté, quel que soit d'ailleurs le taux de ce loyer; c'est en ce sens que ce mot doit être pris toutes les fois qu'il se rencontre dans l'Ancien et le Nouveau Testament. Ce point éclairci, l'usure était-elle autorisée par la loi mosaïque? Nous voyons par les saintes Écritures qu'il est défendu aux Hébreux de prêter à usure à leurs frères; mais comme nulle part cette défense n'est appuyée d'une sanction pénale, quelques rabbins concluent que la recommandation du prêt à titre gratuit n'est qu'un précepte de charité qu'il est bon de suivre, mais qu'on n'est pas tenu rigoureusement d'observer. Cette distinction peut paraître subtile lorsqu'on lit ces passages si formels de l'Écriture :

« Si votre frère est tombé dans la pauvreté, et qu'il ait besoin de votre secours, ne tirez point d'intérêt de lui, et n'en exigez pas plus que vous ne lui aurez donné. » (Lévit. ch. xxv, v. 35.)

« Vous ne prêterez point à intérêt à votre frère ni de l'argent, ni des vivres, ni quelque chose que ce soit. » (Deutér. ch. xxiii, v. 19.)

« Malheur à moi, ô ma mère, de ce que tu m'as mis au monde! Je n'ai rien prêté, et je n'ai rien emprunté à usure, et cependant chacun me maudit. » (Jérém. ch. xv, v. 10.)

Il ne paraît pas que les Juifs aient tenu beaucoup de compte de ces diverses recommandations; l'Écriture atteste fréquemment la dureté de leur cœur et la rigueur avec laquelle ils exigeaient le paiement de ce qui leur était dû par leurs frères. Esdras nous a laissé un tableau saisissant de la misère des débiteurs, et de la cruauté de leurs créanciers.

« Or, il y eut un grand cri du peuple et de leurs femmes contre les Juifs leurs frères;

« Car il y en avait qui disaient : Plusieurs d'entre nous engagent leurs fils et leurs filles pour acheter du froment, afin que nous mangions et que nous vivions;

« Et il y en avait d'autres qui disaient : Nous engageons nos champs et nos vignes, et nos maisons, pour acheter du froment dans cette famine;

« Et pourtant, notre chair est comme la chair de nos frères, et nos fils sont comme leurs fils. Et voici : nous vendons nos fils et nos filles pour être esclaves, et quelques-unes de nos filles sont déjà en servitude, et nos champs et nos vignes sont à d'autres.

« Quand j'eus entendu leur cri et ces paroles-là, je fus fort en colère ;

« Et je censurai les principaux et les magistrats, et je leur dis : Vous exigez trop rigoureusement ce que chacun de vous a imposé à son frère. Et je fis convoquer la grande assemblée contre eux ;

« Et je leur dis : Nous avons racheté selon notre pouvoir nos frères hébreux qui avaient été vendus aux nations, et vous vendriez vous-mêmes vos frères? Alors ils se turent et ne surent que dire.

« Et je dis : Vous ne faites pas bien. Ne voulez-vous pas marcher dans la crainte de notre Dieu, plutôt qu'être en opprobre aux nations qui nous sont ennemies?

« Nous pourrions aussi exiger de l'argent et du froment, moi, mes frères et mes serviteurs; mais quittons-leur, je vous prie, cette dette.

« Rendez-leur, je vous prie, aujourd'hui, leurs champs, leurs vignes, leurs oliviers et leurs maisons, et outre cela, le centième de l'argent, du froment, du vin et de l'huile que vous exigez d'eux. » (Esd. liv. II, ch. v.)

La loi, il est vrai, en défendant aux Juifs de prêter à intérêt à leurs frères, ne leur interdisait pas l'usure envers les étrangers, comme il résulte de ces passages :

« Tu pourras prêter à usure à l'étranger. » (Deutér. ch. xxiii, v. 20.)

« Parce que l'Éternel, ton Dieu, t'aura béni, tu prêteras sur gage à plusieurs nations. » (Deutér. ch. xv, v. 6.)

Mais faut-il conclure de là que les Juifs étaient autorisés à rançonner les étrangers, et à abuser de leur misère pour exiger d'eux des intérêts ruineux? Non, car à plusieurs reprises (Deutér. ch. x, v. 18 ; Exode, ch. xxii, v. 21 ; Id., ch. xxiii, v. 9) Dieu recommande à son peuple d'aimer les étrangers et de les secourir dans leur affliction, en souvenir de la servitude d'Égypte. Toutefois, les Juifs n'étaient pas obligés envers les autres nations au désintéressement que leurs frères devaient attendre d'eux, et s'ils venaient à leur aide, ils pouvaient exiger en échange de leurs services une récompense raisonnable.

Mais la loi mosaïque ayant été abrogée par la loi du Christ, et le Sauveur ayant déclaré qu'il n'y avait plus de distinction entre les nations, et que désormais tous les hommes devaient s'aimer comme des frères, l'usure, dont l'interdiction a été confirmée (Luc, ch. vi), est considérée par toute l'Église comme une grave infraction aux préceptes de l'Évangile. Nous n'avons pas à examiner si cette interdiction absolue est profitable ou non aux intérêts commerciaux des particuliers et des nations; nous laissons l'examen de cette question, si elle n'a pas encore été résolue, à des écrivains plus versés que nous dans les doctrines économiques; interprètes de la loi divine, nous nous bornons à rapporter ces généreuses paroles du Christ : *Mutuum date, nihil inde sperantes*, et à répéter avec saint Ambroise : « Celui qui exige l'intérêt de l'argent qu'il a prêté pèche contre la loi divine, et sera, par conséquent, exclu du royaume de Dieu. » (Ambr. *Ep.* xxiv, *ad Vigil.*)

on loqueris falsum testimonium.
u ne porteras point de faux temoignage.
hou shalt not bear witness falsely.
u sollst kein falsches Zeugniss geben.
o daras testimonio falso

VIII.

TU NE PORTERAS POINT DE FAUX TÉMOIGNAGE.

Les Pères de l'Église et les commentateurs de la Bible sont d'avis que ce précepte ne condamne pas seulement le faux témoignage que l'on rend en justice en interposant le nom de Dieu, crime déjà prévu par le deuxième commandement, mais encore tous les crimes de faux : le mensonge, la diffamation, la dénonciation calomnieuse, la corruption des témoins ; en un mot, tout ce qui blesse la bonne foi et la justice qui doivent régner dans le commerce de la vie.

« Les fausses lèvres sont en abomination à l'Éternel. » (Prov. c. xii, v. 22.)

Qui pourrait en effet énumérer tous les malheurs, tous les désastres occasionnés par un faux rapport, par une parole perfidement interprétée, par une accusation mensongère?

« La langue, dit l'apôtre saint Jacques, est un feu dévorant, un monde et un assemblage d'iniquités, un mal inquiet, une source pleine d'un venin mortel. » (Épît. c. iii, v. 6 et 8.)

Le mensonge est le vice des âmes basses et viles, c'est l'arme dont le lâche se sert pour détourner le soupçon, c'est le voile sous lequel la mauvaise foi cache ses desseins, c'est la base fragile sur laquelle la vanité élève ses prétentions. Il y a des hommes qui se sont fait une telle habitude de ce vice honteux, que la vérité ne sort plus qu'en hésitant de leur bouche, sûre qu'elle est d'avance de n'être accueillie, malgré les protestations les plus solennelles, que par l'incrédulité et le mépris. La véracité au contraire, la bonne foi, la franchise, sont les caractères auxquels on reconnaît les hommes droits, courageux et forts, qui assument volontiers la responsabilité de leurs paroles et de leurs actions, qui ne redoutent pas le soupçon, parce qu'ils n'ont rien à dissimuler; qui ne fuient pas la lumière, parce que leur vie est un livre ouvert que tous, amis et ennemis, peuvent feuilleter et lire. La candeur est le signe distinctif des âmes nobles et simples; la candeur est la vertu la plus attrayante, la plus douce, la plus aimable ; c'est la candeur qui pare le front des vierges et des petits enfants, et qui, par une heureuse assimilation, exprime en même temps la blancheur de la neige et la pureté de l'âme.

Le mensonge, même inoffensif, est à plusieurs reprises condamné par les saintes Écritures. Nous lisons dans le Lévitique :

« Vous ne déroberez point, vous ne nierez point un dépôt, et aucun de vous ne mentira à son prochain. » (Lév. c. xix, v. 11.)

« Le père dont vous êtes issus, s'écrie l'apôtre, c'est le diable, et vous voulez accomplir les désirs de votre père. Il a été meurtrier dès le commencement, et il n'a point persisté dans la vérité, parce que la vérité n'est point en lui. Toutes les fois qu'il dit le mensonge, il parle de son propre fonds, car il est menteur et le père du mensonge. » (S. Jean, Épît. c. viii, v. 44.)

Le mensonge affecte mille formes et se produit de mille manières différentes. Le jugement téméraire, qui est une espèce de mensonge, résulte le plus souvent d'une certaine légèreté d'esprit qui transforme nos moindres soupçons en vérités manifestes, et d'une facilité coupable à accuser nos semblables sur les présomptions les plus futiles. C'est là une funeste disposition, aussi contraire à la justice qu'à l'esprit de fraternité que le Christ a prêché au monde, et dont il a été lui-même le plus touchant et le plus sublime exemple.

« Ne jugez pas si vous ne voulez pas être jugés, » dit l'Évangile. (Matth. c. vii.) Sage précepte qui importe au bonheur de chacun, mais que bien peu ont la force d'observer.

Que de discordes, que d'inimitiés, que de haines, produites par un jugement téméraire, par un soupçon mal fondé! Quoi de plus contraire au principe d'union qui doit être la loi suprême de l'humanité tout entière, que cette répugnance, que cette aversion insurmontables qui nous éloignent souvent les uns des autres sans autre cause qu'une paresse d'esprit naturelle qui nous empêche de nous rendre compte de nos premières impressions ou de remonter à la source de quelques accusations vagues ou intéressées !

Un philosophe a dit : « Le soupçon est parmi les pensées ce qu'est la chauve-souris parmi les oiseaux; l'un et l'autre ne voltigent que dans l'ombre. » (Bacon, *Sermon. fidel.*)

Et en effet, la plupart des soupçons qui assiègent notre esprit ne soutiendraient pas un examen sérieux, une analyse impartiale. Et pourtant ce sont ces impressions mal étudiées, mal définies, qui empoisonnent toutes les joies de l'homme, qui relâchent les liens les plus sacrés, qui dissolvent les unions les mieux cimentées, les amitiés les plus anciennes. Le soupçon s'assied au foyer de la famille, et se glisse jusque dans le lit des époux; inconsidéré et aveugle de sa nature, il amène presque toujours à sa suite des regrets et des pleurs.

Le soupçon, cette incurable maladie de l'âme, est le plus cruel tourment qui puisse torturer l'homme, c'est le châtiment dont Dieu frappe d'ordinaire les grands coupables et les tyrans. Tibère, au milieu des rochers inaccessibles de Caprée, ne se croyait pas à l'abri de la haine du monde; Louis XI ne pouvait trouver le sommeil derrière les piéges meurtriers et les fossés de sa forteresse; et l'on sait que Cromwell ne couchait jamais deux nuits de suite dans le même lit, de peur d'y être égorgé.

La diffamation est sévèrement condamnée par les saintes Écritures :

« Vous ne parlerez point mal du sourd, et vous ne mettrez rien devant l'aveugle qui puisse le faire tomber; mais vous craindrez le Seigneur votre Dieu, parce que je suis le Seigneur. » (Lév. c. xix.)

Rien n'est plus lâche en effet, ni plus injuste que d'attaquer ceux qui ne peuvent se défendre; et c'est là ce que Dieu a voulu dire par ces figures sensibles du sourd et de l'aveugle. Moïse semble revenir sur ce précepte lorsqu'il dit dans le Deutéronome :

« Maudit soit celui qui fait égarer un aveugle en lui montrant un mauvais chemin! » (Deutér. c. xxvii, v. 18.)

Ne devons-nous pas entendre par ces paroles, avec les commentateurs de la Bible : Ne soyez point un sujet de scandale aux faibles, ne donnez point de mauvais avis, ne trompez point les simples et les ignorants, ne favorisez point une passion aveugle et précipitée. Ce précepte nous montre encore l'injustice du reproche que quelques anciens ont fait aux Juifs, en les accusant de n'indiquer le chemin qu'à ceux de leur nation et de leur religion :

> Romanas autem soliti contemnere leges,
> Judaicum ediscunt et servant ac metuunt jus
> Tradidit arcano quodcunque volumine Moses ·
> Non monstrare vias eadem nisi sacra colenti,
> Quæsitum ad fontem solos deducere verpos.
>
> (Juv. Sat. 14.)

Les Égyptiens condamnaient les calomniateurs à souffrir la peine qu'ils voulaient faire souffrir aux autres; et cette loi a été et est encore en vigueur chez plusieurs peuples.

Solon avait défendu de parler mal d'un mort, même quand on aurait à se plaindre de ses enfants.

A Rome, les lois des Douze Tables portaient peine de mort contre ceux qui faisaient des chansons ou des vers contre la réputation d'un citoyen. On ne voit pas, il est vrai, que cette loi ait été observée dans toute sa rigueur; mais à une époque postérieure, on remarque que le préteur prenait connaissance des libelles publiés contre la réputation d'un citoyen, et qu'on en punissait les auteurs. (Digeste, liv. XLVII, tit. x.) Quintilien disait que ceux qui parlent mal des autres ne diffèrent de ceux qui leur font du mal que parce que l'occasion leur manque : *Maledicus a malefico, nisi occasione, non differt.*

Il y a des cas cependant où il est non-seulement permis, mais encore ordonné à un homme, d'accuser publiquement un autre homme. « Si vous avez eu connaissance, dit saint Thomas, d'un crime qui puisse porter atteinte à la sûreté ou à la prospérité de l'État, vous devez dénoncer le coupable, parce que chacun est tenu de réprimer autant qu'il le peut les crimes dommageables à la communauté, tels que ceux de trahison, de rébellion contre les lois, de falsification des monnaies, etc. Personne ne doit hésiter à sacrifier un membre pour sauver la tête. »

Chez les Juifs, chacun avait le droit de dénoncer les crimes emportant la peine capitale; le crime d'idolâtrie devait même être puni immédiatement et sans jugement préalable par quiconque découvrait le coupable, conformément à cette loi du Deutéronome, qui n'admet pas d'exception :

« Quand ton frère, ou ton fils, ou ta fille, ou ta femme bien-aimée, ou ton ami, qui est comme ton âme, te diront en secret : « Allons à d'autres dieux, » tu les lapideras; d'abord ta main sera sur lui, ensuite celle de tout le peuple. » (Deut. c. xiii.)

A Athènes, lorsqu'un homme était mis en jugement, son nom était inscrit sur une tablette qu'on suspendait aux statues des dieux dans les places les plus fréquentées de la ville. Le législateur avait eu pour but sans doute d'inviter tous les citoyens à se rendre au tribunal pour faire part aux juges de tous les renseignements qu'ils avaient pu obtenir. (Démosth. *In Median. schol.*)

Les Lois de Platon portent que ceux qui négligent d'avertir les magistrats ou de leur donner des secours, doivent être punis. (Liv. IX.)

A Rome, il était également prescrit aux citoyens d'éclairer, quand ils le pouvaient, la religion des juges. (Montesq. *Esprit des lois.*)

Ce devoir cependant ne doit pas dépasser certaines limites. Un simple citoyen n'a pas qualité pour poursuivre la répression d'un crime qui n'intéresserait pas la société générale. C'est ce que Jésus-Christ, qu'il faut toujours citer pour exemple lorsqu'il s'agit d'indulgence et de pardon, a clairement enseigné lorsqu'il répondit aux pharisiens qui demandaient de quel châtiment il fallait frapper la femme adultère : « Que celui de vous qui est sans péché lui jette la première pierre. »

Les mauvais gouvernements, qui cherchent leur sûreté dans la corruption des mœurs, ont toujours encouragé la délation, parce qu'ils savent que ce vice est un de ceux qui dégradent et avilissent le plus le cœur des hommes. Au Japon, où les lois renversent toutes les idées de la raison humaine, le crime de non-révélation s'applique aux cas les plus ordinaires. Une relation nous parle de deux jeunes filles qui furent enfermées jusqu'à la mort dans un coffre hérissé de pointes, l'une pour s'être abandonnée à un homme, l'autre pour n'avoir pas révélé la faute de sa compagne. (*Voyages qui ont servi à l'établissement de la compagnie des Indes.*)

Dans les mauvais temps de la république d'Athènes, les places de la ville étaient couvertes de démagogues ardents à saisir la moindre occasion de traduire devant les tribunaux tout citoyen jouissant de quelque crédit ou de quelque réputation.

C'était bien pis à Rome, du temps des empereurs. La délation constituait une profession presque officiellement reconnue. Quiconque avait bien des vices et bien des talents, une âme bien basse et un esprit ambitieux, cherchait un *criminel*, coupable ou non, dont la condamnation pût plaire au prince; c'était la voie la plus sûre pour aller aux honneurs et à la fortune. Des chevaliers, des sénateurs ne rougissaient pas de cet infâme métier, et c'est à peine si, dans cette société corrompue, les richesses que ces hommes ramassaient dans le sang de leurs victimes attiraient sur leur tête le mépris public.

Le plus despotique des gouvernements modernes fut aussi celui qui encouragea le plus la délation. A Venise, les délateurs jetaient leurs billets dans la gueule d'un lion de marbre placé à la porte du palais du doge, et, sur ces dénonciations anonymes, les juges décidaient de la liberté et de la vie des citoyens, moins civilisés en cela que les Tartares, qui gravent leurs noms sur leurs flèches, afin qu'on puisse toujours découvrir de quelle main elles sont parties.

Toutefois, en dépit de ses efforts et de ses coupables manœuvres, le délateur voit souvent sa victime lui échapper, parce qu'il reste à l'accusé un dernier refuge, une dernière chance de salut dans les lumières et l'impartialité de ses juges; mais de quel mépris, de quelle réprobation ne devons-nous pas poursuivre le faux témoin, qui, plus criminel mille fois que le délateur, travaille à égarer la conscience du juge, et n'hésite pas à corroborer ses accusations mensongères par l'autorité des serments les plus sacrés.

Longtemps encore après la conquête du monde par les Barbares, l'accusé avait le droit d'offrir le combat aux témoins qui déposaient contre lui; alors, toute sauvage que pouvait être cette coutume, il y avait encore une certaine apparence de courage à accuser un ennemi même innocent, parce que le témoignage de l'accusateur se traduisait par une lutte à armes égales et que l'accusé pouvait en sortir victorieux et absous; mais lorsqu'un malheureux ne peut se défendre que par des dénégations nécessairement suspectes, le faux témoignage est à la fois un crime et une lâcheté.

Aussi est-ce avec raison que les législateurs dignes de commander aux peuples se sont tous efforcés de donner aux accusés des garanties aussi sérieuses que possible contre la cupidité ou la haine de leurs ennemis.

« Celui qui a le droit de faire mourir, dit Moïse, ne pu-
« nira de mort que sur la déposition de plusieurs témoins :
« mais la déposition d'un seul témoin ne suffira pas pour
« faire mourir quelqu'un. » (Nombr. c. xxxvi.)

A Athènes, les témoins devaient être de condition libre et de conduite irréprochable. Ceux qui avaient encouru ἀτιμία, l'infamie, n'étaient point réputés dignes de foi. Les esclaves n'étaient admis à témoigner devant aucun tribunal, parce qu'on supposait que la misère de leur condition et la bassesse de leurs penchants les rendaient trop accessibles à la séduction.

Les lois ordonnaient encore que le témoignage fût donné par écrit, afin qu'il fût moins sujet à rétractation et qu'il fût moins difficile d'en vérifier la fidélité. (*Antiq. gr.*)

En outre, et cette disposition devrait être inscrite dans tous les codes, nul n'était admis à témoigner en justice s'il ne connaissait que par ouï-dire les circonstances de la cause. (Démosth. *advers. Eubulid.*)

Le faux témoignage était puni chez les Juifs de la peine du talion, conformément à cette loi du Deutéronome :

« Quand un faux témoin s'élèvera contre quelqu'un pour
« déposer contre lui et l'accuser de révolte contre Dieu,
« Alors ces deux hommes-là qui auront contestation en-
« tre eux comparaîtront devant l'Eternel, en la présence
« des sacrificateurs et des juges qui seront en ce temps-là.
« Et les juges s'informeront exactement, et s'il se trouve
« que ce témoin soit un faux témoin, qu'il ait déposé faus-
« sement contre son frère,
« Tu lui feras comme il avait dessein de faire à son frère,
« et ainsi tu ôteras le méchant du milieu de toi.
« Et les autres qui entendront cela craindront, et à l'a-
« venir ils ne feront plus de semblable méchanceté au mi-
« lieu de toi.
« Ton œil ne l'épargnera point : vie pour vie, œil pour
« œil, dent pour dent, main pour main, pied pour pied. »
(Deutér. c. xix.)

A Athènes, le talion était aussi la peine du faux témoignage; quant aux accusations sur des matières religieuses, comme elles étaient faciles à intenter, la loi prononçait dans certains cas la peine de mort contre quiconque avait accusé un homme d'impiété, sans réussir à le faire condamner.

Zoroastre avait ordonné que le faux témoin fût publiquement battu de verges.

En France, sous l'ancienne législation, ce crime était puni de mort (Édit de François Iᵉʳ de 1531); aujourd'hui le faux témoin en matière criminelle est condamné aux travaux forcés à temps, et en certains cas à la peine du talion. (Code pénal, art. 361.)

Nous trouvons dans le Livre des Rois un terrible exemple du châtiment réservé au faux témoignage par les lois mosaïques :

Un habitant de Jizréhel, nommé Naboth, ayant refusé de vendre à Achab, roi de Samarie, une vigne que celui-ci convoitait, Jézabel, épouse d'Achab, suborna deux faux témoins qui accusèrent publiquement Naboth de blasphème. Naboth fut lapidé par le peuple, et Achab s'empara de sa vigne :

« Alors l'Eternel dit à Élie : Lève-toi; va trouver
« Achab, roi d'Israël, qui est à Samarie, et tu lui diras :

« Ainsi a dit l'Éternel : Comme les chiens ont léché le
« sang de Naboth, les chiens lécheront aussi ton propre sang.

« L'Éternel parla aussi contre Jézabel, disant : Des
« chiens mangeront Jézabel près du rempart de Jizréhel. »
(Rois, liv. I, c. xxi.)

On sait comment cette redoutable menace fut accomplie.
Achab, tué d'un coup de flèche dans un combat contre le
roi de Syrie, fut transporté à Samarie sur un chariot
qu'une troupe de chiens affamés suivait en léchant le sang
qui coulait sur la route. Quant à Jézabel, sa mort fut encore plus affreuse : Jéhu, qu'un serviteur du prophète
Élisée avait sacré roi de Samarie par l'ordre de l'Éternel,
tua de sa propre main Joram, fils et successeur d'Achab :

« Puis il vint à Jizréhel, et Jézabel l'ayant entendu,
« farda son visage et orna sa tête; elle regardait par la fe-
« nêtre.

« Et comme Jéhu entrait dans la porte, elle dit : En
« a-t-il bien pris à Zimri qui tua son seigneur?

« Et il leva la tête vers la fenêtre, et il dit : Y a-t-il ici
« quelqu'un de mes gens? Alors deux ou trois des officiers
« le regardèrent.

« Et il leur dit : Jetez-la en bas. Et ils la jetèrent; de
« sorte qu'il rejaillit de son sang contre la muraille et
« contre les chevaux, et il la foula aux pieds.

« Et étant entré, il mangea et but, puis il dit : Allez
« voir maintenant cette maudite, et ensevelissez-la, car
« elle est fille de roi.

« Et ils s'en allèrent donc pour l'ensevelir, mais ils n'y
« trouvèrent rien que le crâne, les pieds et les paumes des
« mains. » (Rois, liv. II, c. ix.)

C'est un faux témoignage qui fit jeter Joseph en prison;
c'est un faux témoignage qui, sans la pénétration du prophète Daniel, allait faire lapider Suzanne par les Juifs de
Babylone; c'est un faux témoignage encore qui causa la
mort d'Étienne, le premier martyr. A la vue de l'innocence
si souvent condamnée, à la vue du sang des justes si souvent versé, n'est-il pas permis de s'écrier avec le plus illustre de nos jurisconsultes :

« Nous qui ne cessons de faire des vœux pour que le lé-
« gislateur, en s'occupant de réformer nos lois criminelles,
« veuille bien prendre conseil de son cœur et apporter
« quelques adoucissements à la sévérité des peines, nous
« réclamerons toujours l'exécution des lois rigoureuses qui
« existent contre les faux témoins et leurs corrupteurs,
« parce qu'ils sont les fléaux les plus dangereux que l'in-
« tégrité et la vertu aient à redouter! » (Merlin, *Diction.*
de jurispr.)

Ed. Biot s. Chapon, 3.

Lith. Jules Rigo et Cie

Paulin, rue de Seine, 33.

IX.

TU NE DÉSIRERAS PAS LA FEMME DE TON PROCHAIN.

Dans l'examen que nous avons fait du sixième précepte du Décalogue, nous avons remarqué que Dieu avait voulu interdire la luxure sous tous ses aspects, sous toutes ses formes. La dépravation des mœurs est en effet le signe le plus certain de la déchéance de l'homme ; c'est la séduction du plaisir qui nous détourne des devoirs les plus sacrés ; c'est la volupté qui ferme notre oreille aux conseils de la morale, aux enseignements de la religion. Mais, parmi tous les déréglements qui troublent la société humaine, il en est un qui se distingue par un caractère particulier de malignité et qui accuse chez celui qui s'y abandonne une perversité plus grande ; aussi Dieu n'a pas jugé inutile de signaler ce désordre d'une manière formelle et d'en faire l'objet d'un précepte spécial. Par le sixième commandement Dieu interdit la luxure en général ; par le neuvième il condamne l'adultère.

S'il y a un crime qui doive provoquer les censures de la religion et les sévérités du législateur, c'est, sans contredit, l'adultère. Lorsque le libertin choisit pour complices de ses désordres des courtisanes, des femmes perdues qui se sont fait de la débauche un métier et une habitude, au moins ne fait-il de tort qu'à lui-même ; si, plus coupable déjà, il flétrit de son souffle corrupteur la blanche couronne qui pare le front de la vierge, au moins peut-il encore, par une réparation solennelle, se relever dans l'estime des hommes, et avec lui la victime qu'il avait entraînée dans sa chute ; mais quelle réparation peut offrir celui qui, pour la satisfaction d'une passion criminelle, d'une fantaisie quelquefois, apporte sciemment dans une famille le déshonneur et le désespoir ?

En vain la fausse sagesse de quelques sophistes a-t-elle voulu atténuer l'horreur de ce crime ; en vain s'est-on écrié que le cœur de l'homme est libre comme son intelligence, et que nul n'a le droit de limiter, par des conventions éternelles, l'indépendance de ses affections ; la raison humaine s'est toujours soulevée contre une doctrine si funeste ; et dans tous les temps toutes les nations ont proclamé d'un commun accord la sainteté et l'inviolabilité du mariage.

Sous quelque point de vue qu'on se place, le mariage apparaît, en effet, avec un caractère éminent de grandeur et de majesté. Soit qu'avec les philosophes on l'envisage comme la réunion spontanée de deux natures libres et intelligentes qu'une providentielle similitude de goûts et de sentiments entraîne l'une vers l'autre, soit qu'avec les jurisconsultes on le considère comme un contrat qui enchaîne et confond deux destinées humaines, soit enfin qu'avec les apôtres et les pères de l'Église on l'élève à la hauteur d'une institution divine, le mariage, sous ces divers aspects, est incontestablement l'acte le plus solennel qu'il soit donné aux hommes d'accomplir.

Le mariage dans ses conditions essentielles, le mariage tel que Dieu l'a institué, est encore le plus pur et le plus fécond élément de bonheur. Quelles distractions, quels plaisirs peuvent remplacer ces joies intimes de la famille qui ne laissent jamais après elles ni un regret ni un remords ? Est-il un spectacle plus touchant et plus sublime que celui de deux époux qui, dans leur ardent désir de se complaire, ne rivalisent jamais que de dévouement et d'amour, et qui, selon la magnifique expression de la Genèse, n'étant plus qu'une seule chair, vivent de la même vie, sentent avec le même cœur ? « Une femme, dit un philosophe contemporain, est le meilleur ami que nous destine la nature ; celui-là reste quand la fortune a dispersé tous les autres. Combien d'hommes, rappelés à l'espérance par le dévouement d'une compagne vertueuse, ont dit avec effusion : Je n'ai rien perdu, puisque ton cœur me reste ! Mes revers me détrompent de vaines illusions ; je les bénis ! ils m'ont ramené vers toi, et m'ont fait connaître tout ton amour. Mais, si nous voulons que l'héroïsme d'une femme brille de l'éclat le plus pur, supposons son époux au dernier degré du malheur ; supposons-le coupable, rejeté de la société ; le repentir n'a pu voiler ses fautes, seule, elle ne l'accuse point, et lui prodigue des consolations. Embrassant des devoirs aussi grands que ses revers, elle va partager la captivité ou l'exil de celui qui l'a privée du bonheur : il trouve encore, sur le sein de l'innocence, un refuge où ses remords s'apaisent, comme autrefois les proscrits trouvaient au pied des autels un asile contre la fureur des hommes (Droz, *Essai sur le bonh.*). »

Et c'est une union si parfaite qu'un misérable suborneur ne craint point de troubler ! L'adultère ne recule devant aucune considération divine ou humaine ; ni les lois de la religion, ni les lois de la société, ni l'amitié, ni l'hospitalité, ni la foi jurée, n'ont de force pour étouffer ce cri désordonné d'une passion habile à excuser, que dis-je ! à légitimer le crime par les sophismes les plus séduisants. L'adultère revêt tous les dehors, emprunte tous les langages; tantôt il marche tête haute, érigeant en système les doctrines les plus immorales, tantôt il se glisse au fond des âmes, astucieux et insinuant comme le serpent qui fut le premier séducteur; c'est alors surtout qu'il est dangereux. Comment reconnaître un ennemi qui se présente souriant et sans armes, et qui n'a d'autre tactique que la perfidie et la trahison? Le suborneur, quand il est habile, se garde bien d'effrayer sa victime, « son œil, comme dit Job, épie le soir au coin des « rues » (chap. XXIV, v. 15); il entre comme un hôte; il s'assied au foyer domestique; il s'empare de la confiance de l'époux; peu à peu, et au moyen de mille détours, il touche le cœur de l'épouse par la pitié, il l'enchaîne s'il le faut par la reconnaissance; enfin, quand il a bien enlacé sa proie, quand il a tracé autour d'elle ce cercle fatal qu'elle n'a plus la force de franchir, il la saisit, il la brise, puis il s'éloigne avec le rire amer de Satan qui vient de ravir une âme au ciel.

Mais, quand l'adultère est entré dans le cœur de la femme; quand l'épouse, abandonnant la première le lit conjugal, cherche un complice et provoque elle-même sa défaite, oh! c'est alors que le crime nous apparaît repoussant et hideux, c'est alors que les vaines doctrines sont confondues, que les sophismes s'écroulent, que la conscience retrouve sa voix. Parlez, faux prophètes, corrupteurs des peuples, où est celui d'entre vous qui osera excuser la femme lorsqu'elle sollicite l'adultère? La femme, à qui Dieu a donné la pudeur à défaut de la force! la femme, dont la modestie est la première vertu, comme la grâce est sa première beauté! Quand la femme n'est plus une victime, elle devient un monstre; quand sa perte n'est pas un meurtre, mais un suicide, elle n'inspire plus que le mépris et le dégoût. Voyez le portrait sanglant que trace des femmes de cette sorte le roi Salomon :

« Mon fils, garde mes paroles, et mets en réserve au « dedans de toi mes commandements.

« Dis à la sagesse : tu es ma sœur, et appelle la pru- « dence ton amie, afin qu'elle te préserve de la femme « étrangère et de la femme d'autrui qui se sert de flatteuses « paroles.

« Comme je regardais par la fenêtre de ma maison, par « mes treillis, je vis parmi les insensés, et je considérai « parmi les jeunes gens, un jeune homme dépourvu de « sens,

« Qui passait par une rue, au coin de la maison d'une « telle femme, et qui tenait le chemin de cette maison,

« Sur le soir, à la fin du jour, lorsque la nuit devenait « noire et obscure ;

« Et voici : une femme vint au-devant de lui, parée en « courtisane, et fort rusée,

« Qui était turbulente et revêche, dont les pieds ne de- « meuraient point dans sa maison,

« Mais qui était tantôt dehors, tantôt dans les rues, et « qui épiait à chaque coin.

« Elle le prit et l'embrassa, et, avec un visage effronté, « elle lui dit :

« J'ai chez moi des sacrifices de prospérité; j'ai aujour- « d'hui payé mes vœux.

« J'ai garni mon lit de garnitures d'ouvrage entre- « coupé de fils d'Égypte.

« J'ai parfumé ma couche de myrrhe, d'aloès et de cin- « namome; viens, enivrons-nous de délices jusqu'au ma- « tin, réjouissons-nous dans les plaisirs.

« Car mon mari n'est point à la maison; il s'en est allé « bien loin en voyage.

« Elle l'attira par divers discours, et le fit tomber par « les mignardises de ses lèvres.

« Il s'en alla incontinent après elle, comme le bœuf s'en « va à la boucherie, et comme un fou aux ceps pour être « châtié ;

« Tant que la flèche lui perça le cœur, comme un oiseau « qui se hâte vers le lacet, ne sachant pas qu'on l'a tendu « contre sa vie.

« Maintenant donc, mes enfants, écoutez-moi, et soyez « attentifs aux paroles de ma bouche :

« Que votre cœur ne se détourne point vers les voies de « cette femme, et qu'elle ne vous fasse point égarer dans « ses sentiers ;

« Car elle en a fait tomber plusieurs blessés à mort, et « elle en a tué plusieurs qui étaient des plus forts.

« Sa maison est le chemin du sépulcre, qui descend aux « profondeurs de la mort. » (Prov., ch. VI.)

Partout, dans les saintes Écritures, l'adultère est considéré comme un crime abominable; et comme si Dieu voulait montrer qu'il n'en est pas de plus grand à ses yeux, c'est du nom d'*adultère* qu'il flétrit presque toujours le culte des idoles. Écoutez le prophète Osée tonnant contre l'idolâtrie d'Israël :

« Plaidez avec votre mère, plaidez, car elle n'est plus « ma femme, je ne suis plus aussi son mari; et qu'elle ôte « ses prostitutions de dessus son visage, et ses adultères « de son sein,

« De peur que je ne la dépouille toute nue, et que je ne « la remette dans l'état où elle était au jour qu'elle naquit, « et que je ne la réduise en un désert, que je ne la rende « comme une terre sèche, et que je ne la fasse mourir de « soif;

« Et que je n'use point de miséricorde envers ses en- « fants, parce que ce sont des enfants de prostitution.

« Parce que leur mère s'est prostituée; celle qui les a « conçus s'est déshonorée; car elle a dit : J'irai après ceux « qui m'aiment, qui me donnent mon pain et mes eaux, « ma laine et mon lin, mon huile et mon breuvage. » (Osée, ch. II.)

Chez les Hébreux, l'adultère était puni de mort, conformément à cette loi du Lévitique reproduite en d'autres termes dans le Deutéronome :

« Pour l'homme qui aura commis adultère avec la « femme d'un autre, puisqu'il a commis adultère avec la

femme de son prochain, on fera mourir l'homme et la
« femme adultère. » (Lévit., ch. xx, v. 10. — Deutér.,
ch. xxii, v. 22.)

Ce crime est un de ceux qui se commettaient le plus fréquemment en Israël ; les Écritures nous en citent de nombreux exemples : le plus frappant est cette lamentable
histoire d'Urie et de Bethsabée, qui nous inspirerait tant
d'horreur contre le roi David, si l'expiation n'eût en quelque sorte répondu à l'énormité du forfait (Sam., livre II,
ch. xxii). Jérémie, le prophète des larmes, se lève contre
cette lèpre de la famille avec l'autorité d'un interprète du
ciel et la solennelle magnificence d'un poëte.

« Comment te pardonnerais-je, ô Israël, s'écrie-t-il.
« Tes fils m'ont abandonné, et ils jurent par ceux qui ne
« sont point dieux ; je les ai rassasiés, et ils ont commis
« adultère, et sont allés en foule dans la maison de la
« prostituée.

« Ils sont comme des chevaux bien repus ; quand ils se
« lèvent le matin, chacun hennit après la femme de son
« prochain.

« Ne punirais-je point ces choses-là, et mon âme ne se
« vengerait-elle pas d'une telle nation ? » (Jérém., ch. v,
v. 7, 8, 9.)

Chez les païens, l'adultère n'était pas jugé moins sévèrement que chez le peuple de Dieu. Dans cette immense
réprobation qui, de toutes les parties du monde, s'élevait
contre ce crime, nous ne trouvons qu'une seule exception,
et c'est à Sparte qu'il faut l'aller chercher, à Sparte, qui,
pendant longtemps, a résolu cet étrange problème de former des hommes, de soutenir une société avec des lois
antihumaines et antisociales. Numa tenta d'introduire dans
les mœurs romaines la tolérance de Lycurgue, s'il faut en
croire ce passage de Plutarque : « Le mari romain ayant
« jà assez d'enfants à son gré, si un autre qui en désiroit
« avoir le venoit prier de lui bailler sa femme, il la lui
« pouvoit céder, et estoit en lui de la donner du tout, ou
« de la prester à temps pour la reprendre puis après. »
(Trad. d'Amyot.) Il parait que si cette tentative échoua, il
faut en attribuer l'honneur au bon sens du sénat plutôt
qu'à l'austérité trop vantée des mœurs de la nation, puisque Tite-Live nous apprend que, peu de temps après
l'expulsion des rois, les amendes imposées aux femmes
adultères suffirent en une seule année à la construction
d'un temple consacré à Vénus. (Première décade, liv. X.)

Quoi qu'il en soit, cette facilité de mœurs qui se trahit
de temps en temps sous les éloges pompeux des historiens de Rome, peut passer pour une vertu publique, si
on la compare à la corruption effrénée qui s'empara de la
capitale du monde lorsque vint le règne des empereurs.
Alors tous les liens de la famille se relâchent ; le mariage
devient une institution dérisoire, un contrat banal qu'une
fantaisie forme, qu'un caprice dénoue, et l'on voit les matrones les plus illustres, les filles dégénérées des Scipion
et des Fabius compter leurs années par le nombre de
leurs divorces. L'adultère se régularise et emprunte les
formes de la légalité ; et bientôt le scandale est poussé à ce
point, que le mariage est regardé par les esprits sévères
comme une cause suffisante de suicide.

Uxorem, Posthume, ducis !
Dic qua Tisiphone, quibus exagitare colubris ?
Ferre potes dominam, salvis tot restibus, ullam,
Cum pateant altæ caligantes que fenestræ ;
Cum tibi vicinum se præbeat Æmilius pons ?

(Juv., sat. 6.)

A Athènes, le législateur n'avait pas déterminé positi-
vement la punition de l'adultère ; la loi disait seulement
que celui qui prendrait un adultère sur le fait pourrait lui
infliger le châtiment qui lui semblerait convenable. (Lys.,
de cœd. Eratost.) Cette loi avait pour corollaire la disposition suivante, qui abandonne également les femmes coupables à la vindicte publique, et qui autorise le châtiment
sans pourtant le prescrire :

« Aucun mari ne pourra vivre avec la femme qui aura
« souillé son lit ; s'il ne la répudie pas, il sera réputé ἄτιμος.
« La femme déshonorée ne pourra entrer dans aucun tem-
« ple public ; tout citoyen pourra impunément la mettre à
« mort. » (Démosth., in Neær.)

Chez d'autres peuples de la Grèce, l'adultère était
frappé de peines déterminées. A Gortyne, l'homme adultère, dégradé du rang de citoyen, puni d'une forte amende,
était offert à la dérision du peuple, la tête couverte d'une
couronne de laine, symbole de la mollesse.

Les Pisidiens promenaient les adultères sur un âne.

Cet usage était aussi observé à Cumes.

Les Locriens étaient plus sévères : ils crevaient les yeux
aux coupables. On sait que Zaleucus, qui avait porté cette
loi, s'arracha lui-même un œil pour en conserver un à
son fils, qui avait été surpris en flagrant délit d'adultère,
donnant à la fois, par cet acte sublime de dévouement, un
exemple mémorable de justice et de clémence. (Val Max.,
liv. VI, chap. v.)

A Rome, dit Merlin, quand les mœurs y étaient en
honneur, c'est-à-dire dans les premiers temps de la république, l'adultère était jugé au tribunal domestique du
mari outragé, qui assemblait les parents de sa femme, et
prononçait la peine qui lui paraissait convenir ; elle était
alors arbitraire ; ce tribunal n'empêchait pas que les coupables ne pussent être accusés publiquement devant le
peuple, parce qu'il était question d'une violation de mœurs ;
et les mœurs, dans cette république, étaient la base sur laquelle s'élevait l'édifice du gouvernement.

Dans les temps postérieurs, et après plusieurs variations
dans la jurisprudence romaine à ce sujet, l'accusation cessa
d'être publique ; elle fut réservée au mari, qui eut seul le
droit d'accuser la femme, comme étant le seul offensé, et
par conséquent le seul intéressé.

Dans le moyen âge, la peine de l'adultère a varié selon
le caprice du législateur, ou peut-être selon le degré de
corruption des mœurs publiques.

Les anciens Saxons brûlaient la femme adultère, et sur

ses cendres ils élevaient un gibet où son complice était étranglé.

En Angleterre, la femme adultère, après avoir eu les cheveux rasés, était traînée toute nue hors de la maison de son mari, en présence de tous ses parents, et on la promenait de ville en ville, la fouettant jusqu'à ce qu'elle eût expiré sous les verges; son séducteur était ordinairement pendu à un arbre.

Les Capitulaires de Charlemagne et de Louis le Débonnaire décrètent contre l'adultère la peine de mort.

La sévérité de cette loi fut bien adoucie par la suite; suivant une ordonnance du roi Jean rendue en 1362, les adultères surpris en flagrant délit, ou dont le crime était prouvé par témoins, avaient à choisir entre le fouet ou soixante sous d'amende.

Suivant la coutume de Saint-Sever, l'homme et la femme surpris en adultère devaient subir ensemble la peine du fouet; la coutume de Bayonne voulait que les coupables fussent condamnés pour la première fois à courir par la ville sans fustigation et à un bannissement arbitraire; et dans le cas de récidive, à être fouettés et bannis à perpétuité.

De nos jours, on n'applique plus à l'adultère ni la peine de mort ni la peine du fouet; quelques mois de prison et une légère amende, tel est le châtiment d'un crime qui sape la société elle-même en portant la corruption et la division dans les familles. Doit-on voir dans cette mansuétude du législateur un hommage rendu à la pureté des mœurs ou l'aveu de son impuissance à réprimer le désordre? Hélas! bien que nous soyons loin de cette scandaleuse époque où Massillon s'écriait du haut de la chaire évangélique que « les femmes « prenaient autant de soin de publier leur honte que les « siècles précédents en avaient mis à la cacher » (Panégyr. de sainte Agnès), nous sommes bien forcés de reconnaître que le juge le plus impitoyable reculerait d'effroi s'il lui fallait appliquer à tous les cas d'adultère les sévérités des lois de Moïse et de Solon. Il est juste toutefois de remarquer qu'en dépit des tempêtes qui ont si longtemps troublé l'ordre social, les mœurs publiques tendent de plus en plus à s'épurer, et que les douces vertus du cœur viennent peu à peu reprendre leur place au foyer domestique, d'où les avaient exilées des exemples célèbres et les enseignements d'une philosophie menteuse. Constatons ce progrès et espérons que le jour n'est pas éloigné où la foi jurée ne sera plus un vain mot, et où les traits empoisonnés de la séduction se briseront sur les serments des époux comme sur un bouclier d'airain.

on concupisces bona proximitui

u ne désireras pas les biens de ton prochain.

hou shalt not covet thy neigh= bours goods

u sollst nicht begehren deines, nächsten Gut.

o codiciaras los bienes agenos.

X.

TU NE DÉSIRERAS POINT LE BIEN DE TON PROCHAIN.

Ce précepte se distingue des autres par un caractère particulier : il proscrit un désir. Jusqu'ici Dieu s'était contenté de signaler à l'homme les actions impies et de le diriger, pour ainsi dire, dans les voies de la vertu visible. Aujourd'hui il fait plus, il remonte au principe, au mobile des actions mauvaises ; il proclame un précepte de morale pure qui semble une sorte de prélibation de la loi chrétienne. En effet, la sanction de ce précepte n'existe pas en ce monde : la concupiscence, tant qu'elle ne s'est pas manifestée par des actes, ne peut relever de la justice humaine ; privés de cette vue surnaturelle qui pénètre dans les ténèbres de l'âme, les hommes sont impuissants à deviner chez autrui, et à punir comme ils doivent l'être les désirs défendus. Les tortures de la conscience, les châtiments infligés par la justice divine dans le monde nouveau que Jésus-Christ est venu annoncer aux hommes, telle est l'unique sanction du dixième commandement. (Saint Thomas, *Sent. passim.*) Est-ce donc pour cela que la concupiscence est si puissante sur nos cœurs? Est-ce l'absence d'une peine temporelle qui encourage et multiplie ses esclaves? Ou serait-ce que l'envie ne paraît aux hommes qu'une passion sans conséquences, qu'un désir sans périls? Impiété ou erreur! Passion hideusement féconde, l'envie enfante les crimes les plus vils et les plus monstrueux : le mépris de Dieu et des parents, le mensonge et le blasphème, le vol et l'homicide. L'envieux Caïn tue Abel et ment après son crime ; l'envieux Achab vole et tue Naboth à l'aide du faux témoignage ; Adonias et Absalon envient un trône dont un parricide peut seul leur aplanir le chemin.

A côté du précepte divin qui condamne ce vice du cœur, se placent les recommandations des sages et des prophètes.

« Ne vous laissez point aller à vos mauvais désirs, dit « l'Ecclésiaste, et détournez-vous de votre propre volonté : « si vous contentez votre âme dans ses désirs déréglés, « elle vous rendra la joie de vos ennemis. » (Ch. xviii, v. 30 et 31.)

« Que je sois maudit, s'écrie Job, si j'ai demeuré en « embûche à la porte de mon prochain ;

« Si je me suis réjoui des malheurs de celui qui me haïs- « sait, si j'ai sauté de joie quand il lui est arrivé du mal. » (Ch. xxxi.)

Moïse avait confirmé son enseignement par sa conduite en résistant aux suggestions de la jalousie. Comme Aldat et Médat, deux des soixante-dix anciens qu'il avait choisis pour l'assister dans la mission de gouverner les Israélites et de les conduire dans la terre promise, se mettaient à prophétiser dans le camp, un autre des soixante-dix, Josué, fils de Nun, qui excellait entre tous les ministres de Moïse, lui dit :

« Moïse, mon seigneur, empêche-les. »

« Mais Moïse lui répondit :

« Pourquoi as-tu des sentiments de jalousie en ma con- « sidération? Plût à Dieu que tout le peuple prophétisât et « que le Seigneur répandit son esprit sur eux. » (Nomb., ch. xi, v. 28 et 29.)

Mais le plus sublime exemple de la résistance aux séductions des passions mauvaises, c'est le Sauveur du monde qui nous le donne. En vain le démon fait briller à ses yeux les trésors, les grandeurs et les voluptés de ce monde ; en vain il essaie d'éveiller dans son cœur la vanité et l'orgueil ; épuisé par le jeûne et l'insomnie, l'Homme-Dieu sort néanmoins victorieux de cette épreuve ; admirable triomphe que doit renouveler à son exemple, dans les déserts de la Thébaïde, le père des solitaires devenu désormais par sa tentation aussi illustre que les conquérants par leurs victoires les plus fameuses.

Et cependant la concupiscence s'attache au monde chrétien comme une lèpre incurable ; les apôtres et les Pères de l'Église ne cessent de fulminer contre ce vice. Le concile de Trente, expliquant la doctrine aux nouveaux pharisiens, signale les nombreux et différents caractères de la concupiscence : « Ceux-là tombent dans le péché de la « concupiscence qui, dans une espérance de gain, désirent « le mal d'autrui ; ainsi ceux qui jouent outre mesure à des « jeux licites ou illicites, les marchands qui, pour vendre « plus cher, font des vœux pour la disette et la cherté des « vivres, ou désirent la misère des autres marchands pour « s'enrichir à leurs dépens ; les soldats qui soupirent après « la guerre et le pillage qui en sera la suite ; les médecins « et les jurisconsultes qui désirent : les uns, les fléaux et « les maladies, les autres l'abondance et la quantité des « procès ; enfin, les ambitieux de toute sorte qui convoi- « tent le bien d'autrui. » (Conc. de Trente, catéch.) — L'avarice, le jeu, l'ambition, tels sont, pour ainsi dire, les trois formes de la concupiscence ; c'est en eux que se résument tous les désirs pernicieux dont l'homme est tourmenté.

Les dangers de l'ambition, tout ce qu'elle a de contraire à la morale individuelle et à la morale sociale avaient frappé même les nations profanes; et sans parler des réflexions des sages et des philosophes, non plus que des efforts des législateurs pour la comprimer, nous devons reconnaître que le polythéisme antique, en personnifiant l'ambition dans Prométhée, *enchaîné sur son triste sommet*, le foie rongé par un vautour, avait déroulé aux yeux des peuples une grande image et un grand enseignement; mais, par une erreur facile à concevoir chez ceux qui n'avaient participé ni aux bienfaits de la loi divine promulguée par Moïse, ni aux leçons d'humilité prêchées par Jésus-Christ, l'ambition était, d'autre part, divinisée et exaltée à l'égal d'une vertu. Ce double caractère de vertu et de vice avait été exprimé ingénieusement par les Romains dans la statue qu'ils avaient érigée dans le temple de l'Ambition : pour peindre l'étendue de ses desseins et en même temps les fatigues et les humiliations auxquelles elle est exposée, cette divinité était représentée ailée et les pieds nus.

En rendant l'homme malheureux, l'ambition l'avilit et le dégrade. N'est-ce pas l'ambition, en effet, qui humilie la gloire d'un Lucullus aux pieds d'une courtisane de Rome? (Cic., *ap. Bayle, verb. Cetheg.*) N'est-ce pas elle qui a pétri le type le plus parfait de la basse flatterie : ce Vitellius, un censeur romain, qui, pour faire sa cour à Claude, qu'il savait l'esclave de ses femmes et de ses affranchis, avait sollicité de Messaline comme une insigne faveur qu'elle daignât lui présenter ses pieds et lui permettre de la déchausser? Le même Vitellius avait placé au nombre de ses dieux domestiques les statues d'or des affranchis Pallas et Narcisse; c'était lui enfin dont l'ingénieuse bassesse avait imaginé d'adorer Caligula comme un dieu, et presque persuadé à l'imbécile Claude qu'il était immortel, en lui souhaitant de célébrer souvent les jeux séculaires. (Suet., *in Vitell.*) C'est encore l'ambition qui soumettait aux mépris d'une courtisane couronnée, de l'infâme Théodora, les premiers dignitaires de l'empire, les gouverneurs des provinces, les patrices, les généraux et le grand Bélisaire lui-même, alors qu'entassés dans une antichambre du palais de Trébizonde, ils attendaient, debout pendant des heures entières, qu'il plût à l'ancienne prostituée du cirque de les admettre à l'honneur de lui baiser les pieds. (Procop., *Hist. secr.*) Lâcheté dégradante sans doute pour l'humanité, mais encore plus excusable chez les courtisans du Bas-Empire que chez les ambitieux de nos jours, flétrissant par leur complaisance pour les favoris de nos rois l'éclat des plus hautes fonctions et les plus beaux noms de la noblesse française.

Rien ne coûte, en effet, à l'ambition pour se satisfaire, elle ne reculera pas plus devant les cruautés que devant les humiliations. Qu'importent les liens du sang à cette passion forcenée? Elle conduira, s'il le faut, le char de Tullie; elle aiguisera le poignard du fils d'Agrippine, elle armera le bras de Sémiramis et de Catherine. Infini dans ses désirs, plus ardent à mesure qu'il avance, l'ambitieux ne s'arrête que devant la pierre de son tombeau; heureux lorsqu'il a mérité par quelque endroit de trouver grâce devant le Seigneur et d'être rappelé à lui-même, comme le roi de Babylone, par une manifestation de la puissance divine. (Dan., ch. iv.)

Mais combien peu savent borner leurs désirs et fixer leurs tentes dans ce champ sans limites! Que de catastrophes imprévues, que de chutes providentielles! Ici, le conquérant de l'Asie, le vainqueur de Crésus tombe sous les flèches de Thomyris; là une tuile, lancée par la main d'une femme, renverse Pyrrhus, qui rêvait peut-être en ce moment la conquête du monde; *l'heureux* Pompée trouve la mort au milieu des satellites qui devaient le défendre. Le grand, le puissant César tombe sous le poignard de ceux en qui il avait placé son amour. Déjà, — inutile leçon, — leur rival en gloire, en grandeur, en ambition, ce Crassus, assez riche pour soudoyer une armée, ce général si longtemps victorieux à la tête des légions romaines, avait été égorgé misérablement par des barbares qu'il méprisait. Ce sont encore Persée, Jugurtha, Zénobie, hier souverains de vastes royaumes, aujourd'hui ornements d'un char de triomphe, puis un empereur romain servant de marchepied à un roi de Perse, et plus loin, un sultan, un conquérant, vaincu à son tour et promené par le monde dans une cage de fer! Tels sont les spectacles lamentables que nous offre l'ambition; après le Capitole et le Palatin, la roche Tarpéienne et les gémonies!

« En considérant toutes choses, nous dit le sage, j'ai
« trouvé encore une autre vanité sous le soleil :
« Tel est seul et n'a personne avec lui, ni enfant, ni
« frère, qui cependant travaille sans cesse.
« Ses yeux sont insatiables de richesses, et il ne lui
« vient pas à l'esprit de se dire à lui-même : Pour qui
« est-ce que je travaille? Et pourquoi me priver moi-
« même de l'usage de mes biens? » (Ecclésiaste.)

« L'œil de l'avare est insatiable dans son iniquité; il ne
« sera point content qu'il ne dessèche et consume son âme;
« il se plaindra le pain qu'il mange; il vit affamé et triste
« à sa propre table; la veille pour amasser des biens des-
« sèche la chair, et l'application qu'on y donne ôte le som-
« meil. » (Ecclésiastique.)

Oui, telle est la condition de ce vice odieux, qu'il fait le tourment de celui qui en est rongé. « L'argent de l'avare, « dit Massillon, lui est plus précieux que sa santé, que sa « vie, que lui-même; toutes ses actions, toutes ses vues, « toutes ses affections ne se rapportent qu'à cet indigne « objet. »

Cum te neque fervidus æstus
Dimovent lucro, neque hiems, ignis, mare, ferrum,
Nil obstat tibi, dum ne sit te ditior alter.

. . . .

Tantalus a labris sitiens fugientia captat
Flumina : quid rides? mutato nomine, de te
Fabula narratur.   (Hor., liv. I, sat. 5.)

Les empires comme les hommes subissent la peine de

leur avarice. C'est cette passion funeste qui, mieux que les armes et les conquêtes, renverse Babylone, Ninive, Palmyre. C'est par elle que tombe la vaste monarchie des Perses ; c'est elle qui jette dans Juda et dans Israël les douleurs, la mort, l'esclavage. En vain l'inépuisable bonté du Seigneur envoie à son peuple préféré des prophètes dont la voix éloquente essaie de le retenir sur le penchant de l'abîme ; en vain, Ézéchiel, Amos, Michée, Jérémie, signalent à ces esprits cupides l'imminence du péril et les excitent au repentir ; en vain, Isaïe leur crie :

« Malheur à vous qui joignez maison à maison, et qui
« ajoutez terres à terres, jusqu'à ce qu'enfin le lieu vous
« manque. » (Ch. v, v. 8.)

Ils restent sourds aux avertissements divins jusqu'au moment fatal où s'accomplit cette prédiction du prophète :

« Le Seigneur rendra chauve la tête des filles de Sion,
« et il fera tomber tous leurs cheveux.

« En ce jour-là, le Seigneur leur ôtera leurs chaussures
« magnifiques, leurs croissants d'or,

« Leurs colliers, leurs filets de perles, leurs bracelets,
« leurs chaînes d'or, leurs boîtes de parfums, leurs pen-
« dants d'oreilles,

« Leurs bagues, leurs pierreries, leurs écharpes et leurs
« poinçons de diamant ;

« Et leur parfum sera changé en puanteur, et leur cein-
« ture d'or en une corde :

« De même les hommes les mieux faits parmi vous pas-
« seront au fil de l'épée, et vos plus braves périront dans
« le combat.

« Les portes de Sion seront dans le deuil et les larmes,
« et elle tombera sur la terre toute désolée. » (Isaïe,
ch. III.)

Les sociétés grecque et romaine ne pouvaient échapper à la corruption qui avait envahi le peuple de Dieu. Du jour où elle perdit sa monnaie de fer, Sparte marcha à sa ruine ; du jour où, victorieuse des Perses, Athènes put prendre part aux richesses asiatiques, elle ne produisit plus que des généraux et des orateurs à la merci de l'or des satrapes. Avec les richesses de Corinthe, Mummius ne se doutait pas qu'il emportait à Rome le poison dont elle devait périr. Corrompue par la Grèce, comme la Grèce l'avait été par la Perse, Rome apprend à désirer, avec les raffinements de la volupté, les richesses qui les procurent. Elle devient bientôt cette cité cupide *qui, pour se vendre, n'attend qu'un acheteur.* (Sall., *in Jug.*) Pour assouvir leur avidité, pour acheter l'or, les tableaux, les sculptures de leurs palais, pour payer les histrions de leurs spectacles, les oiseaux de leurs volières et les murènes de leurs viviers, pour élever ces aqueducs, pour creuser ces canaux qui doivent amener la mer dans leurs villas, pour armer les navires qui vont leur chercher les vases de Délos, les marbres de Numidie, les bois précieux et les pourpres de l'Inde, les fruits savoureux du Pont et les poissons exquis des côtes de l'Asie Mineure, les descendants des Fabricius et des Curius *saignent*, épuisent les provinces échues à

leur avarice, amies ou ennemies, alliées ou tributaires : le monde est envahi par les Verrès qui le pillent au nom du peuple romain ! Mais le châtiment est à côté de l'attentat ; la corruption ne tarde pas à porter ses fruits : miné par l'avarice, le colosse romain chancelle sur sa base, et le premier choc du monde barbare va le renverser et le réduire en poudre.

Comme si les mauvais instincts de l'ambition et de l'avarice ne suffisaient pas à tourmenter son cœur, il a fallu que l'homme inventât une passion nouvelle. Le jeu, « ce « vice combiné, comme dit un illustre jurisconsulte, de « l'avarice réunie avec la paresse » (Pothier, Contr. du jeu), est venu apporter aux sociétés civilisées un élément nouveau de corruption. Inconnu chez les sociétés primitives, il devait l'être à plus forte raison chez les Juifs, pour qui le sort était une manifestation de la volonté divine ; c'est, en effet, par cette voie que le Seigneur leur fit connaître le choix qu'il avait fait de Saül pour régner sur eux. C'est par le sort que fut découvert le péché d'Achan et celui de Jonathas ; c'est encore la voie du sort que Dieu avait prescrite pour le partage de la terre de Chanaan. (Nomb., ch. XXXIII, v. 54.) On l'employait aussi dans le sacrifice dont parle le Lévitique pour désigner le bouc émissaire. Il ne paraît pas que les Israélites aient profané par le jeu le respect religieux qu'ils avaient voué aux décisions du sort ; un seul exemple de cette profanation nous est fourni par les Évangiles, c'est celui des soldats se partageant les vêtements du Messie ; comme s'il fallait que toutes les passions des hommes vinssent se donner rendez-vous au pied de la croix où était attaché le Sauveur du monde, et rehausser par un si hideux spectacle l'éclat de son agonie.

Chez les nations civilisées, surtout chez les Romains, le jeu fut une des passions dominantes, et l'intervention du législateur fut plus d'une fois nécessaire pour en réprimer les excès. Les lois romaines étaient très-sévères à cet égard. Suivant le jurisconsulte Paul, un sénatus-consulte défendait de jouer de l'argent à quelque jeu que ce fût, si ce n'est aux jeux qui formaient le corps aux exercices guerriers, tels que ceux de la pique, du javelot, de la course, du saut, de la lutte, du pugilat. (Lib. II, *De Aleatorib.*) Il est fait mention, dans la seconde philippique de Cicéron, d'une procédure criminelle établie contre ceux qui jouaient aux jeux de hasard. Ceux qui recevaient les joueurs de cette nature étaient si odieux, que le préteur leur refusait toute action pour les injures qu'on leur aurait faites, les dommages qu'on leur aurait causés ou les vols dont ils auraient été victimes pendant ce temps. Justinien avait stipulé que, dans le cas où le perdant négligerait de répéter la somme qu'il avait perdue au jeu, les officiers de la ville où le délit aurait été commis pourraient poursuivre la répétition de cette somme, qui devait être employée à des ouvrages publics.

Importée dans les Gaules avec la domination romaine, la passion du jeu envahit la société française dès les premiers temps de la monarchie. Nous trouvons dans les capitulaires de Charlemagne une loi de ce prince qui confirme l'interdiction des jeux de hasard, prononcée l'an 813 par le concile de Mayenne. Quatre siècles après, une ordonnance rendue par saint Louis porta défense de jouer aux dés. Deux autres ordonnances, l'une de Charles le Bel (1319), l'autre de Charles V (1369), défendaient tous les jeux, à l'exception de ceux qui sont propres à exercer au fait des armes, à peine contre les contrevenants de quarante sous d'amende. Plusieurs autres dispositions prohibitives furent adoptées contre les joueurs sous les règnes de Charles VIII, de François Iᵉʳ, de Charles IX et de Louis XIII; mais ces mesures répressives, non plus que celles décrétées par notre législation moderne, n'ont pu éteindre la fureur du jeu. Aux exhortations de la chaire chrétienne, aux justes reproches des moralistes, les joueurs opposent le banal sophisme de leur faiblesse. — « Mille « gens se ruinent au jeu, et vous disent froidement qu'ils « ne sauraient se passer de jouer. Quelle excuse! y a-t-il « une passion, quelque violente ou honteuse qu'elle soit, « qui ne pût tenir ce même langage? Serait-on reçu à dire « qu'on ne peut se passer de voler, d'assassiner, de se « précipiter? Un jeu effroyable, continuel, sans retenue, « sans bornes, où l'on n'a en vue que la ruine totale de « son adversaire, où l'on est transporté du désir du gain,

« désespéré sur la perte, consumé par l'avarice, où l'on « expose sur une carte sa propre fortune, celle de sa « femme et de ses enfants, est-ce une chose qui soit per- « mise, ou dont on doive se passer? » (La Bruyère, *Caract.*)

Telles sont, en effet, les suites fatales de la passion du jeu, et cependant pas plus que l'avare, que l'ambitieux, le joueur ne renonce à sa frénésie; c'est que le champ de la concupiscence terrestre est semblable à ces plages limoneuses où le malheureux voyageur qui s'y égare sent tout d'un coup le sol manquer sous ses pas et s'engloutit lentement, sans qu'aucun effort puisse retarder d'un instant son agonie; pourquoi donc courir toujours à ces rivages menteurs? pourquoi ne pas plutôt élever ses désirs vers le royaume céleste? — « N'y trouves-tu pas, mortel, s'écrie « saint Augustin, de quoi les satisfaire? Aimes-tu la beauté « et l'éclat, tu y contempleras les justes, rayonnant comme « le soleil. Veux-tu une vie exempte de maux, tu y trou- « veras la saine éternité ou l'éternelle santé; car les justes « ne meurent pas. Désires-tu te rassasier de jouissances, « tu t'enivreras de la gloire de Dieu. Préfères-tu des vo- « luptés mondaines, le Seigneur te noiera dans des tor- « rents de sa volupté. Des honneurs et des richesses, on « t'appellera le fils de Dieu, tu seras son héritier, tu en- « treras avec le Christ en partage de son royaume. » (Aug., *in Manich.*)

CONCLUSION.

Aux dix préceptes du Décalogue ne se borne pas la législation que Dieu donna aux Hébreux par l'intermédiaire de Moïse. Les quatre derniers livres du Pentateuque sont, à proprement parler, un code complet de lois religieuses, morales, civiles et criminelles. Mais, comme le fait observer dom Calmet dans son volumineux commentaire de la Bible, ce qui distingue les lois de Dieu, et ce qui les relève infiniment au-dessus de celles des autres législateurs, c'est que ceux qui se sont bornés à régler l'état politique des peuples n'ont invoqué l'autorité de la religion qu'autant qu'ils ont cru cette autorité nécessaire pour s'assurer le respect et l'obéissance des hommes. Il semble même quelquefois que ces législateurs, dont il serait téméraire de suspecter l'intelligence dans les hautes questions de morale et de philosophie religieuse, ont laissé à dessein les nations dans l'ignorance de la vérité, et qu'ils n'ont pas voulu détruire les fausses idées que la tradition leur avait transmises sur la nature de Dieu et sur la manière dont il voulait être servi ; comme si l'erreur et la superstition étaient plus propres à maintenir la multitude dans le devoir que la connaissance de Dieu et les pratiques d'une religion pure et sévère ! Ainsi Platon, l'homme de toute l'antiquité païenne qui conçut de la nature de Dieu l'idée la plus saine et la plus haute, ne croyait pas qu'il fût prudent de découvrir au vulgaire les sentiments qu'on doit avoir de la Divinité. (Plato, *apud Joseph, contra App.*) Dans le code mosaïque, au contraire, le nom de Dieu est inscrit à chaque page, à chaque ligne ; la religion est le centre immuable vers lequel convergent toutes les lois, toutes les ordonnances civiles ; c'est dans la religion, c'est dans la pratique extérieure du culte, que le législateur a voulu placer la force politique de la nation, et la prospérité matérielle de l'État.

Il y a deux manières de former les peuples à la civilisation morale et religieuse. La première consiste à leur enseigner des préceptes théoriques, la seconde à les exercer à la pratique de ces préceptes. Les législateurs humains, dit l'historien Josèphe (lib. II, *Cont. Appion*), ont choisi entre ces deux modes de gouvernement lorsqu'ils auraient dû les employer simultanément et les fortifier l'un par l'autre. Ainsi les Crétois et les Lacédémoniens se contentaient d'enseigner la pratique de la morale et de la vertu, sans se mettre beaucoup en peine d'instruire par des préceptes. Les autres Grecs, au contraire, et particulièrement les Athéniens, avaient établi des systèmes complets de morale, mais ils se souciaient peu de les faire observer. Moïse a su réunir ces deux conditions de vitalité sociale ; il a réglé les mœurs par des préceptes, puis il a assuré l'observation de ces préceptes en forçant les citoyens, par une pénalité sévère, à y conformer toutes les actions de leur vie. Ainsi il a prescrit la nature et la qualité des mets dont ils devaient user, il a déterminé la forme des vêtements dont ils devaient se couvrir, il leur a donné des règles pour le repos et le travail ; et pour que personne ne pût s'excuser d'avoir enfreint la loi par ignorance, il voulut qu'il y eût dans chaque semaine un jour au moins où tous les citoyens s'appliquassent uniquement à l'étudier ou à en écouter la lecture publique dans les assemblées religieuses. De là vient, dit Josèphe, que l'on ne voit point parmi nous cette ignorance profonde de nos lois et de nos obligations qui se remarque ailleurs, et qu'on n'y trouve pas cette diversité d'opinions sur la Divinité qui est si commune chez les autres peuples. De là vient aussi cette fermeté constante et cet attachement à nos coutumes dont on veut nous faire un crime. Persuadés que notre loi a Dieu pour auteur, nous ne pouvons nous résoudre à y faire le moindre changement. Et en effet, que pourrait-on établir de mieux, de plus saint, de plus juste ? Le fondement de notre religion et de nos lois est que Dieu est un être infiniment parfait et heureux, qui renferme tout, qui se satisfait pleinement lui-même, qui est le principe, le milieu et la fin de toutes choses, qui est la source de tous les biens, et la cause des plus surprenants effets, qui, bien que révélé d'une manière assez claire par ses ouvrages, ne laisse pas d'être infiniment inconnu et impénétrable dans sa nature et dans sa grandeur, et qui ne peut être représenté ni par aucune image sensible, ni même par aucune de nos idées.

Toutefois, un temps devait venir où cette loi promulguée avec tant de magnificence au milieu des nuées lumineuses et des tonnerres du Sinaï devait être abrogée par une loi nouvelle, également d'origine divine, mais plus pure et plus parfaite. Ce temps avait été plus d'une fois annoncé et prédit par les prophètes ; le peuple juif était dans l'attente, les autres nations elles-mêmes savaient vaguement qu'une immense révolution sociale allait s'accomplir. C'est sans doute cette prescience, universellement répandue, qui avait dicté à Virgile ces vers étonnants :

Ultima Cumæi venit jam carminis ætas
Magnus ab integro sæclorum nascitur ordo.
Jam redit et Virgo, redeunt saturnia regna,
Jam nova progenies cœlo demittitur alto.

(Egl., iv.)

Suétone est bien plus explicite encore. Une ancienne et constante opinion, dit-il, était répandue dans tout l'Orient, qu'un homme, sorti de la Judée, obtiendrait l'empire universel.

Tacite raconte le même fait presque dans les mêmes termes. Selon cet historien, la plupart des Juifs étaient convaincus, d'après un oracle conservé dans les anciens livres de leurs prêtres, que dans ce temps-là l'Orient prévaudrait et que quelqu'un, sorti de Judée, régnerait sur le monde.

Josèphe, parlant de la ruine de Jérusalem, rapporte que les Juifs furent principalement poussés à la révolte contre les Romains par une obscure prophétie qui leur annonçait que vers cette époque un homme s'élèverait parmi eux et soumettrait l'univers.

Tout à coup une voix retentit dans le désert, criant :

« Amendez-vous, car le royaume des cieux est proche. »

Cette voix étoit celle de Jean le Précurseur; Jean faisait pénitence pour le peuple; il ne vivait que de sauterelles et de miel sauvage, il portait un habit de poil de chameau, et ses reins étaient ceints d'une ceinture de cuir. (Matth., c. iii.) A l'appel de cet homme étrange, le peuple étonné accourait en foule pour recevoir le baptême et pour confesser ses péchés. Enfin Jésus lui-même, Jésus, l'oint du Seigneur, le Fils de Dieu, le Rédempteur des hommes, descendit à son tour dans les eaux sacrées du Jourdain, et manifesta publiquement sa présence au milieu du peuple qui l'attendait.

Bientôt commence la prédication. Dans son premier discours au peuple, dans ce fameux sermon sur la montagne dont aucune parole humaine n'a jamais pu égaler le sublime, il annonce hautement sa mission et pose les premiers fondements de la législation nouvelle.

« Vous avez entendu qu'il a été dit aux anciens : Tu ne
« tueras point, et celui qui tuera sera puni par les juges.

« Mais moi je vous dis que quiconque se met en colère
« sans cause, contre son frère, sera puni par le jugement ;
« celui qui dira à son frère : Raca, sera puni par le con-
« seil; celui qui appellera son frère, Fou, sera puni par
« la géhenne du feu.

« Vous avez entendu qu'il a été dit aux anciens : Tu ne
« commettras pas d'adultère.

« Mais moi je vous dis que celui qui regarde une femme
« d'un œil de convoitise a déjà commis avec elle l'adultère
« dans son cœur.

« Il a été dit aussi : Si quelqu'un répudie sa femme, qu'il
« lui donne un écrit de divorce.

« Mais moi je vous dis que quiconque répudiera sa
« femme, si ce n'est pour cause d'adultère, la fait devenir
« adultère; et quiconque épouse celle que son mari aura
« renvoyée commet un adultère.

« Vous avez encore appris qu'il a été dit aux anciens :
« Vous ne vous parjurerez point ; mais vous vous acquit-
« terez envers le Seigneur des serments que vous aurez
« faits.

« Et moi je vous dis de ne jurer en aucune sorte, ni par
« le ciel, parce que c'est le trône de Dieu ;

« Ni par la terre, parce qu'elle sert d'escabeau à ses pieds;
« ni par Jérusalem, parce que c'est la ville du grand roi.

« Vous ne jurerez pas aussi par votre tête, parce que
« vous ne pouvez en rendre un seul cheveu blanc ou noir.

« Mais contentez-vous de dire : Cela est, cela est ; ou
« Cela n'est pas, cela n'est pas ; car ce que l'on dit de plus
« vient du démon.

« Vous avez appris qu'il a été dit, Œil pour œil et dent
« pour dent. Et moi je vous dis de ne pas résister au mal
« qu'on veut vous faire; mais si quelqu'un vous a frappé
« sur la joue droite, présentez-lui encore l'autre.

« Et si quelqu'un veut plaider contre vous pour prendre
« votre robe, abandonnez-lui encore votre manteau.

« Et si quelqu'un veut vous contraindre de faire mille
« pas avec lui, faites-en encore deux mille.

« Vous avez appris qu'il a été dit : Vous aimerez votre
« prochain et vous haïrez votre ennemi.

« Et moi je vous dis : Aimez vos ennemis, faites du bien
« à ceux qui vous haïssent, et priez pour ceux qui vous
« persécutent et vous calomnient.

« Afin que vous soyez les enfants de votre Père qui est
« dans les cieux, qui fait lever son soleil sur les bons et
« sur les méchants, et fait pleuvoir sur les justes et sur
« les injustes. »

Il est facile de voir par ce seul extrait que si les préceptes de Moïse sont infiniment plus moraux et plus religieux que toutes les législations profanes, ils sont cependant bien inférieurs à la loi nouvelle publiée par Jésus-Christ et par ses apôtres. Ce n'est pas que les deux lois soient différentes en tout, et que l'une ordonne ou défende le contraire de ce qui est absolument défendu ou commandé par l'autre; mais Jésus-Christ a porté la perfection plus loin que Moïse sur plusieurs points; il a révoqué certaines permissions que le législateur hébreu avait données; il a réformé certains abus que Moïse n'avait pu empêcher ou que les docteurs juifs avaient mal à propos introduits dans l'explication ou dans la pratique de la loi; il a remplacé le sacerdoce d'Aaron, les cérémonies légales et les sacrifices sanglants par un sacerdoce plus auguste, par des cérémonies plus saintes, par un sacrifice plus pur et plus efficace.

La nécessité d'une révolution dans le culte extérieur était déjà indiquée en quelque sorte dans les anciennes Écritures. Nous lisons dans les Prophètes que Dieu regardait avec assez d'indifférence les cérémonies que les Juifs pratiquaient dans son tabernacle et dans son temple.

« Qu'ai-je à faire de la multitude de vos sacrifices? s'é-
« crie l'Éternel par la voix d'Isaïe. Je suis rassasié d'holo-
« caustes de béliers et de la graisse des victimes; je ne
« prends point de plaisir au sang des taureaux, ni des
« agneaux, ni des boucs.

« Ne continuez plus de m'apporter des oblations de
« néant; ce parfum m'est en abomination; et pour ce qui
« est des nouvelles lunes et des sabbats, je n'en puis plus
« porter l'ennui, ni de vos assemblées solennelles. (Isaïe,
c. i.)

« Je hais et j'ai rejeté vos fêtes, je ne recevrai point
« l'odeur de l'encens que vous brûlez dans vos assemblées.
« Je ne recevrai point vos holocaustes, et je rejetterai les
« animaux gras que vous m'offrirez. (Amos, c. v.)

« Joignez vos holocaustes à vos victimes, et mangez-en
« les chairs, parce que je n'ai point exigé de victimes et
« d'holocaustes de vos pères dans le temps que je les ai ti-
« rés d'Égypte. » (Jérémie, c. vii.)

Ne peut-on pas raisonnablement induire de ces passages
que si Dieu autorisa les sacrifices sanglants et régla même
par des ordonnances particulières les cérémonies qui devaient les accompagner, ce fut uniquement, comme le disent les Pères, par condescendance pour la faiblesse de
son peuple, élevé au milieu de l'idolâtrie et des superstì-
tions de l'Égypte? En surchargeant les Hébreux de pratiques extérieures, dit saint Irénée (liv. IV, c. xxvii), Dieu
a voulu fixer leur esprit inconstant et les punir du crime
qu'ils avaient commis en retournant d'esprit en Égypte et
en adorant le veau d'or.

Mais la vapeur de ce sang, l'odeur de ces chairs brûlées
sur l'autel, furent rejetées comme des offrandes trop grossières lorsque la vraie religion fut épurée et spiritualisée
pour ainsi dire par la nouvelle alliance. Jésus-Christ vint,
et par un miracle d'amour qui ne saurait être raconté par
aucune langue humaine, il s'immola lui-même à la place
des victimes anciennes; de sorte qu'après cet ineffable sacrifice, il devint impossible d'offrir désormais à Dieu d'autre victime que lui-même. Le mérite de cette immolation
volontaire éclate aussitôt d'une manière toute divine. Au
lieu que les victimes égorgées dans le temple n'attiraient
les bienfaits de Dieu que sur celui qui les offrait, Jésus-
Christ expirant sur la croix rachète par sa mort l'humanité
tout entière. L'enfer, selon les belles expressions de Bossuet, l'enfer, qui avait subjugué le monde, le va perdre; en
attaquant l'innocent, il sera contraint de lâcher les coupables qu'il tenait captifs; la malheureuse obligation par laquelle nous étions livrés aux anges rebelles est anéantie.
Jésus-Christ l'a attachée à sa croix pour y être effacée de
son sang; l'enfer dépouillé gémit; la croix est un lieu de
triomphe à notre Sauveur, et les puissances ennemies sui-
vent en tremblant le char du vainqueur. (*Disc. sur l'hist.
univ.*)

Jésus-Christ lui-même, au grand scandale des scribes
et des pharisiens, avait annoncé l'universalité de sa doctrine. Dans son entretien avec la Samaritaine, il déclare
que ce n'est plus sur le mont Garitzim ni dans le temple de
Jérusalem que l'Éternel veut être adoré, mais dans tous
les pays et par toutes les nations du monde.

Un autre caractère de la doctrine de Jésus-Christ, qui té-
moigne magnifiquement de sa supériorité sur la loi ancienne, est l'enseignement de l'immortalité de l'âme et la
révélation d'une vie future où les hommes seront récom-
pensés ou punis selon leurs œuvres.

Cette doctrine n'était pas absolument inconnue aux
peuples païens; mais avec les lumières bornées de l'humanité ils ne pouvaient se faire une juste idée de la nature
de l'âme. Dans l'âge moyen de la Grèce, du temps d'Homère, l'âme n'était autre chose qu'une image aérienne du
corps. Ulysse voit dans les enfers des ombres, des mânes;
il n'aurait certainement pu voir des esprits purs.

Parmi les images de pierre dont les ruines de Persépolis
étaient remplies, on trouva des têtes ailées qui semblaient
prendre leur vol vers le ciel; on vit dans ces figures des
symboles de l'immortalité de l'âme; mais quelle était l'essence de l'âme et sa destination dans l'autre vie? c'est ce
que Zoroastre ne nous apprend pas.

Dans l'Inde, on croyait à la transmigration des âmes.
Ce n'est pas que les Indiens sussent ce que c'est qu'une
âme; mais ils imaginaient que ce principe, soit aérien, soit
igné, allait successivement animer d'autres corps.

Les prêtres d'Égypte avaient persuadé la nation que les
âmes rentraient dans leurs corps au bout de mille années;
c'est par suite de cette croyance que les Égyptiens, voulant mettre leurs corps pendant mille ans entiers à l'abri
de toute corruption, les embaumaient avec un soin si scru-
puleux et les enfermaient dans des masses de pierre sans
issue. Nous avons aujourd'hui des momies égyptiennes de
plus de quatre mille années; des cadavres ont duré autant
que des pyramides!

Cette opinion d'une résurrection après dix siècles passa
depuis chez les Grecs, disciples des Égyptiens, et chez les
Romains, disciples des Grecs. On la retrouve dans le
sixième livre de l'*Énéide*, qui n'est que la description des
mystères d'Isis et de Cérès Eleusine :

Has omnes, ubi mille rotam volvere per annos,
Lethæum ad fluvium Deus evocat agmine magno :
Scilicet immemores supera ut convexa revisant,
Rursus et incipiant in corpora velle reverti.

Toutefois, soit que les peuples crussent les opinions que
les philosophes et les prêtres professaient sur l'immortalité
de l'âme d'origine purement humaine, et que par conséquent ils leur accordassent peu d'autorité, soit qu'ils trou-
vassent peu concluants les raisonnements des sages et
qu'ils fussent peu touchés de l'espoir d'une vie future qu'on
ne savait pas clairement définir, il est certain qu'en général ils montraient assez d'indifférence pour ces hautes
questions. Les épicuriens disaient hautement et sans crainte
de l'Aréopage que tout périt avec le corps. A Rome, au
milieu du Sénat, César déclara que la mort n'est point un

mal, que c'est la fin de toutes les sensations, qu'il n'y a rien après nous. Enfin, en plein théâtre, devant le peuple assemblé, Sénèque osa exprimer la même pensée dans ces vers devenus célèbres :

Post mortem nihil est, ipsaque mors nihil ,
Quæris quo jaceas post obitum loco ?
Quo non nata jacent.

Ce scepticisme, du reste, était préférable encore au culte sanglant dont l'immortalité de l'âme était le prétexte chez plusieurs peuples. L'homme, en effet, avait étrangement abusé de cette croyance, puisqu'elle le portait à sacrifier aux morts. On allait même jusqu'à cet excès de leur sacrifier des hommes vivants; on tuait leurs esclaves et même leurs femmes pour aller les servir dans l'autre monde. Les Gaulois pratiquaient ces horreurs avec beaucoup d'autres peuples (*Cæsar, De Bello gall.*); et les Indiens, marqués par les auteurs païens parmi les premiers défenseurs de l'immortalité de l'âme, ont aussi été les premiers à introduire sur la terre, sous prétexte de religion, ces meurtres abominables. Les mêmes Indiens se tuaient eux-mêmes pour avancer la félicité future, et ce déplorable aveuglement dure encore aujourd'hui parmi ces peuples; tant il est dangereux, s'écrie Bossuet, d'enseigner la vérité dans un autre ordre que celui que Dieu a suivi, et d'expliquer à l'homme tout ce qu'il est avant qu'il ait connu Dieu parfaitement !

Voilà la véritable raison de ces récompenses et de ces châtiments purement terrestres dont nous voyons tant d'exemples dans les anciennes Écritures. Dieu, qui connaissait l'esprit grossier et inconstant des Juifs, et qui ne voulait pas encore les initier aux plus sublimes vérités de la religion, ne leur parle que de rémunérations temporelles, promettant les richesses aux gens de bien, et menaçant les méchants de la pauvreté.

Mais les temps sont accomplis, et Jésus, corrigeant cette doctrine des premiers âges, s'applique à glorifier la pauvreté, la douleur, les infirmités, toutes les misères humaines.

« Bienheureux les pauvres d'esprit, parce que le royaume « des cieux est à eux ! »

« Bienheureux ceux qui pleurent, parce qu'ils seront « consolés ! »

« Bienheureux ceux qui ont le cœur pur, parce qu'ils « verront Dieu ! »

Ils verront Dieu ! voilà la récompense éternelle des justes. Voilà le trait qui distingue essentiellement le Paradis de l'Élysée antique, où les âmes heureuses passaient toute une éternité à se promener dans les jardins de la Mort en regrettant la vie de la terre. Autre chose est de danser et de faire des festins, autre de connaître la nature des choses, de lire dans l'avenir, d'assister aux révolutions des globes, enfin d'être comme associé à l'omniscience, sinon à la toute-puissance de Dieu !

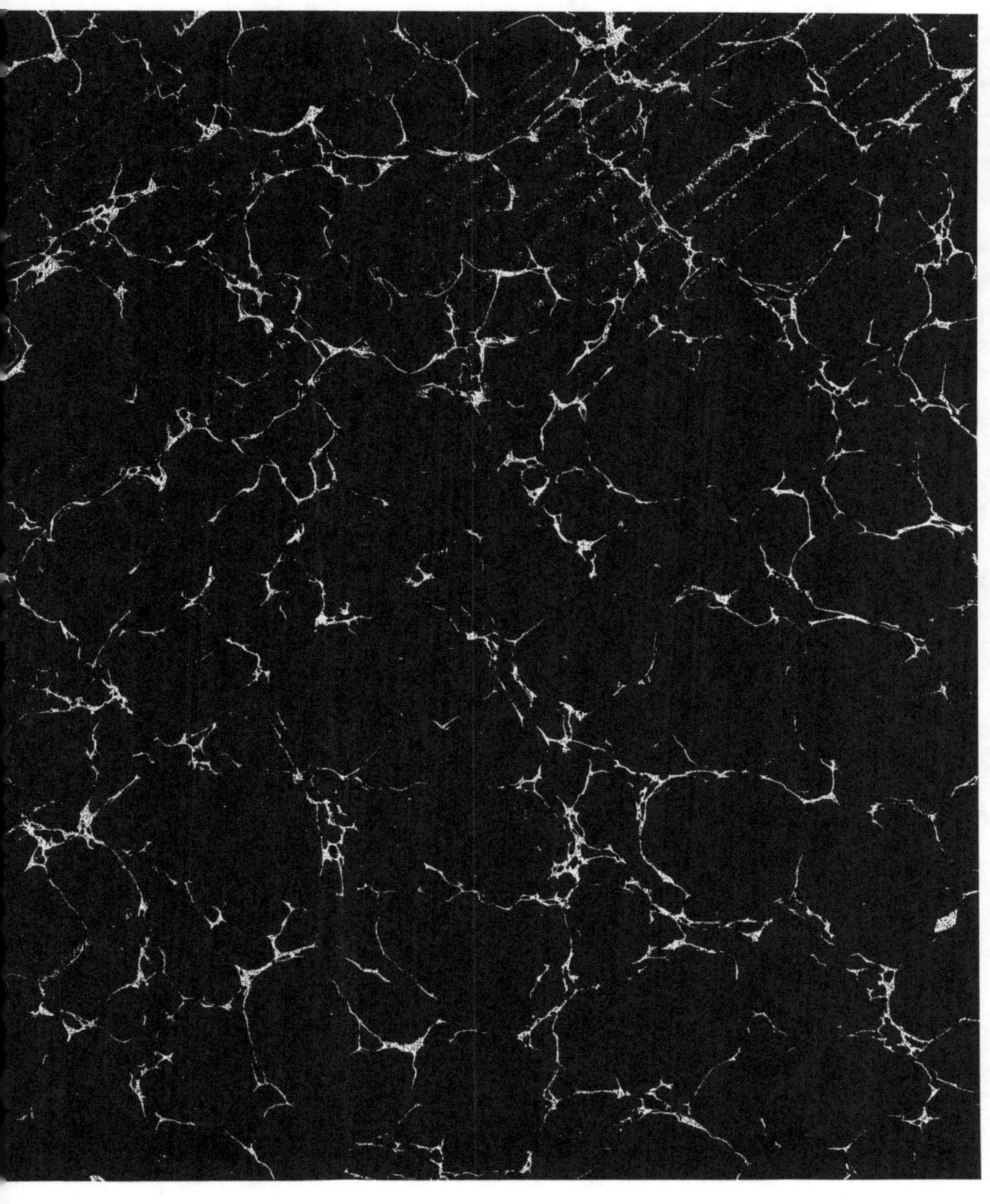